走 进 话 剧

（学生用书）

主　编　笪儒忠

副主编　章建国

浙江工商大學出版社
ZHEJIANG GONGSHANG UNIVERSITY PRESS
·杭州·

图书在版编目(CIP)数据

走进话剧:学生用书 / 笪儒忠主编. —杭州:浙江工商大学出版社,2020.5

ISBN 978-7-5178-3776-3

Ⅰ.①走… Ⅱ.①笪… Ⅲ.①戏剧教育—高中—教学参考资料 Ⅳ.①G634.951.3

中国版本图书馆 CIP 数据核字(2020)第040665号

走进话剧(学生用书)

ZOUJIN HUAJU(XUESHENG YONGSHU)

主　编:笪儒忠

副主编:章建国

责任编辑	王　耀　沈明珠
封面设计	林朦朦
责任印制	包建辉
出版发行	浙江工商大学出版社
	(杭州市教工路198号　邮政编码310012)
	(E-mail:zjgsupress@163.com)
	(网址:http://www.zjgsupress.com)
	电话:0571-88904981,88904923(传真)
排　版	杭州朝曦图文设计有限公司
印　刷	杭州高腾印务有限公司
开　本	889mm×1194mm　1/16
印　张	8.25
字　数	156千
版 印 次	2020年5月第1版　2020年5月第1次印刷
书　号	ISBN 978-7-5178-3776-3
定　价	48.00元

编委会名单

主　编：笪儒忠

副主编：章建国

编　委：（按姓氏笔画排序）

王　华　　王玉凤　　王宁宁　　王茗蕾　　石亚琪

朱巧媚　　朱胜娅　　牟佳娴　　李园园　　杨肖莉

杨施柯　　何露依　　张　勇　　泮奔州　　赵一丹

袁　欢　　梁家玮　　蒋帅一　　蔡文雅　　蔡甜甜

戴小浮　　魏鑫鹏

▲ 寻找发声源

▲ 自我介绍与站姿训练

▲ 汶川大地震——拯救

▲ 汶川大地震——呼唤

▲ 汶川大地震——呐喊

▲ 汶川大地震——众志成城

▲《飘扬的红旗》谢幕暨金桔奖颁奖

▲《飘扬的红旗》第一幕

▲《飘扬的红旗》第二幕

▲《飘扬的红旗》第三幕

▲《飘扬的红旗》第四幕

▲《商鞅》第一幕

▲《茶馆》第二幕

▲《茶馆》第三幕

▲《茶馆》谢幕

目 录

第一单元
话剧文化概览

第一课　西方戏剧发展史

我准备

我感受——收集不同历史时期西方戏剧的图片、音视频资料,看一看它们有什么差别。

我了解——通过网络了解西方戏剧发展历史知识,并与同学(小组内成员)交流。

我思考——思考几个问题,为你的学习做好准备。

问题域	问题内容	问题回答
戏剧	最早的西方戏剧是什么样的呢?	
戏剧	为什么要了解西方戏剧的发展史?	
戏剧	西方戏剧经历了哪几个发展阶段?	
戏剧	现代西方戏剧的发展趋势是怎样的?	

我探索

事件:莎士比亚带领学生遨游西方戏剧历史长河。

西方戏剧剧照

我设问——最早的西方戏剧是什么样的呢?

我感受——欣赏一下西方不同阶段的戏剧经典片段,与同学交流感受。

我思考——在西方戏剧的发展史上,每个阶段分别有什么特点?

1. _____   2. _____

3. _____   4. _____

5. _____   6. _____

我尝试,我交流——把刚才观看的几个西方戏剧表演的剧段按顺序排一排,并在小组里说一说你为什么这样排列。

我阅读——西方戏剧的发展史

戏剧起源于远古时期人类最初的村社宗教仪式,与古希腊庆祭酒神的活动和丰收仪式有关。戏剧的发展犹如历史的发展一样,时代的变化冲击着戏剧的变化。前一个时期那种一个阶段一种主潮的状况已经被打破,新的思潮流派不断涌现,形成一个多元共存、互相碰撞又互相吸收的局面。在文化碰撞的过程中,戏剧的发展一方面自我更新,一方面吸收更多的社会元素,沿着时间的道路前进。

在古希腊,戏剧的起源与庆祭酒神的活动有关,所以那时的戏剧基本取材于神话和传说。这就决定了剧作家对人文的关怀程度,以当时的悲剧作家索福克勒斯的作品《俄狄浦斯王》为例说明这个问题。《俄狄浦斯王》取材于神话传说:太阳神曾谕示忒拜王拉伊奥斯的儿子将来要弑父娶母,于是国王将儿子弃于荒野。但是拉伊奥斯最终还是无法逃脱邪恶命运的魔爪,死在儿子俄狄浦斯的手上。在本剧中,作者虽然将人与命运的抗争列为重点,但是他也维护了神的权威。他相信命运是无法抗拒的,无论人类怎么努力去试图改变它,都是徒然的。

在古希腊之后,西方戏剧发展得很缓慢,直到文艺复兴时期,也就是在封建社会向资本主义社会转变的那段日子,才出现了一位大剧作家——莎士比亚。莎士比亚一生创作了很多优秀的戏剧,他是公认的世界戏剧史上的泰斗。在他的戏剧中,我们可以看到,其对人文的关怀与古希腊的戏剧截然不同。那个风雷激荡,又充满光荣和肮脏的时代迫使莎士比亚去思考人文主义的出路,他将自己的看法写进了他的戏剧。脱离神的谕示,让人去掌握自己的命运——这些都成就了一个伟大的传奇。

西方戏剧剧照

我交流,我思考——

我总结——

我拓展——

第二课　中国话剧的源起

我准备

　　我感受——收集早期中国话剧的音频、视频、图片资料,看一看早期中国话剧与现在话剧的差别。

　　我了解——通过网络了解有关中国话剧源起的知识,与同学交流。

　　我思考——思考下面几个问题,为你的学习做好准备。

问题域	问题内容	问题回答
话剧	最早的中国话剧是什么样的呢?	
话剧	中国话剧是被动接受西方戏剧的吗?	
话剧	早期的中国话剧与现在的话剧有什么区别?	
话剧	现今中国话剧的发展趋势是怎样的?	

我探索

李叔同

李叔同与妻子

　　事件:以《茶花女》为例,带领学生领会中国话剧的风采。

　　我设问——最早的中国话剧是什么样的呢?

我感受——收集中国话剧早期的图片资料,看一看早期中国话剧与现在话剧的差别。

我思考——早期的中国话剧与现在的话剧有什么区别?

1. _____　2. _____

3. _____　4. _____

5. _____　6. _____

我尝试,我交流——把收集到的早期中国话剧的图片资料分阶段进行排序,并说说每个阶段的主要组织及人物。

我阅读——中国话剧的源起

改良的中国戏曲,虽然对西方戏剧有所借鉴,但从根本上说,它并不是话剧。学生演剧,其中有些接近话剧,但也只能看作是中国话剧的准备。中国话剧是从"新剧"(又称"文明戏")发展而来的。戏剧史学家一般把1907年春柳社在东京上演《茶花女》作为中国话剧史开端的标志。

春柳社

日本与中国比邻,其维新之后的社会进步,吸引了一批有志的中国青年。之后20世纪初叶,中国兴起留日热潮。

1906年冬,一个旨在研究各种文艺的留日学生团体春柳社在东京成立。此团体开始只设演艺部,由李叔同主持,主要成员还有欧阳予倩、吴我尊、马绛士、曾孝谷等。春柳诸人多为戏剧爱好者,他们推崇日本"新派",即新剧,并以研究和仿效新派演剧为己任。

日本近代戏剧的变革,是在西方戏剧的影响下进行的。开始是所谓"新派"剧的兴起,颇像中国的"时事新戏"。其演剧是在日本传统的歌舞伎形式中,加入宣传性的演讲,形成由角藤定宪倡导的"壮士芝居"和川上音二郎发起的"书生芝居"。稍后,又以西方现实主义戏剧为摹本,形成"新剧",也即中国的所谓话剧。

春柳社于1907年春,在东京演出了法国小仲马的名剧《茶花女》的第三幕,在中国留学生中引起强烈反响。他们的演出"全部用的是口语对话,没有朗诵,没有加唱,还没有独白、旁白"。这种演出形态,可以说已是话剧了。

《茶花女》的演出成功,鼓舞了春柳社诸人的士气。不久,又演出了根据美国作家斯托夫人的小说《汤姆叔叔的小屋》改编的话剧《黑奴吁天录》。

《黑奴吁天录》演职人员

五幕剧《黑奴吁天录》描写黑奴汤姆被主人转借给他人。他替人发明了机器后，受到原主人的嫉恨，因而被召回，深受虐待。他的妻子和孩子是另一家农奴主的奴隶，由于主人要以奴隶抵债，他们面临母子分离的悲惨命运。后来，他们都逃脱出来，杀出重围，得以团聚。该剧表现了被压迫者的反抗精神，在思想内容上很有现实性。剧中的分幕方法，以对话和动作演绎故事的特点，还有接近生活真实的舞台形象，无不显示着此时已开始确立了中国新剧的形态，即后来才定名的话剧艺术形态。

进化团

如果说春柳社的新剧受到日本新剧的启示，那么，任天知和他领导的进化团，则深受日本新派剧的影响，特别是"壮士芝居"的影响。角藤定宪所倡导的"壮士芝居"，是同日本的革新相联系的，他把戏剧运用于宣传自由民权的主张上。而天知派戏剧，则直接效法这种做法，用来鼓吹民主革命。时值孙中山领导的辛亥革命前夜，进化团以文明戏演出鼓动革命，遂轰动长江两岸，使文明戏乘势而起。任天知，生卒年不详。他在日本时就有心于戏剧活动，对日本新派剧相当熟悉。1910年底，他在上海发起成立新剧团体——进化团，其足迹遍布南京、上海、武汉、长沙等十多个城市。进化团顺应时代需要，以戏剧的形式攻击封建统治，鼓吹革命，演出了《血蓑衣》《安重根刺伊藤》等剧。孙中山曾对进化团给予赞扬，为其写下"是亦学校也"的题词。

《安重根刺伊藤》取材于一段"时事"。1909年9月，朝鲜爱国志士安重根，在哈尔滨枪击日本内阁总理大臣伊藤博文，以反抗日本侵占朝鲜。由于日本侵略中国的意图日益明显，故此剧的演出也表达了中国人民反对日本军国主义之心声。进化团的演出带有鲜明的民族色彩，其剧情多为喜剧或闹剧，借此讽刺现实。剧中人物时常离开规定情境，发表演说，或议论时政，或鼓动革命，激昂慷慨，颇富煽动性。他们据此创造出"言论老生"的角色类型。

该团因经济压力和内部纷争于1912年底解散。进化团在中国话剧史上功不可没,尽管其艺术造诣不高,但却为中国话剧的诞生和发展开辟了通路。进化团可算是中国话剧史上一颗耀眼的流星。

我交流,我思考——

1. 为什么经过戏剧改良之后还是引进了西方戏剧?

2. 早期中国话剧的表演形式在什么时候发生了改变?

3. 早期中国话剧会展现哪些题材的内容?

我总结——

1. 一些学校效法西方的学生演剧,利用假期,让学生举行旨在颂神或赈灾的戏剧义演。显然,高难度的中国戏曲功夫,不易为学生所掌握,而以对白和动作表情达意的西方戏剧,却容易为他们所模仿。

2. 1907年春柳社在东京上演的《黑奴吁天录》,可称为中国话剧开端的标志。

3. 顺应时代之需要,以戏剧的形式攻击封建统治,鼓吹革命,演出了《血蓑衣》《安重根刺伊藤》等剧。

我拓展——

打算通过哪些方式进一步了解你感兴趣的话题呢?

1. 试用"中国话剧""中国话剧历史"等作为关键词进行搜索。

2. 到图书馆看看《中国话剧史》《中国百年话剧》等书籍。

3. 与小组同学一起合作,到当地话剧社、老话剧艺术家家中采访。

《茶馆》剧照

第三课　中国话剧发展阶段

中国话剧发展史

我准备

我感受——收集中国话剧发展的不同阶段的图片、音频、视频资料,看一看它们有什么差别。

我了解——通过网络了解有关中国话剧发展史知识,与同学交流一下。

我思考——思考几个问题,为你的学习做好准备。

问题域	问题内容	问题回答
话剧	最早的中国话剧是什么样的呢?	
话剧	为什么要了解中国话剧的发展史?	
话剧	中国话剧经历了哪几个发展阶段?	
话剧	现今中国话剧的发展趋势是怎样的?	

我探索

我设问——最早的中国话剧是什么样的呢?

我感受——欣赏中国话剧不同发展阶段的经典片段,与同学交流感受。

我思考——在中国话剧的发展史上,每个阶段分别有什么特点?

1. _____
2. _____
3. _____
4. _____
5. _____

我尝试,我交流——把刚才观看的几段中国话剧表演的剧目排一排,并在小组里说一说你为什么这样排列。

我阅读——中国话剧发展史

中国话剧发展史(一)

中国话剧有别于中国传统的戏曲,它不以歌舞演故事,而是以对话、形体动作和舞台布景创造真实的舞台视觉;但在艺术精神上,它与中国传统戏曲乃至中国文学艺术建立了内在而深厚的联系。1907年,留日学生李叔同、曾孝谷、王钟声、欧阳予倩等组织了中国最早的话剧团体春柳社,在东京创作演出了《茶花女》,作为中国话剧史开端的标志。此后,话剧以"新剧""文明戏"的名义流传开来。文明戏:是当时中、西方文化发生激烈碰撞的产物,是中国话剧的一种"不中不西,亦中亦西,不新不旧,亦新亦旧,杂糅混合的过渡形态"。但这种形式尚缺乏自己的东西和文化定位。尽管它曾兴盛一时,但还没有扎下根来。随着辛亥革命的失败,文明戏逐渐衰落。原因之一:将戏剧作为生存的手段,出现了一批迎合小市民的庸俗趣味的家庭剧,一味展示家庭的丑恶,把表现男女私情的如《妻妾成群》《雌老虎》之类剧目也搬上了舞台。原因之二:"幕表制"方式的局限。所谓"幕表制",即演出前根本没有剧本,演出组织者只是提供一个人物名单、出场次序、大致情节或者主要台词,由演员自行排演,有时连必要的排练也没有,或将故事梗概画成连环画,或缩写在纸条上,张贴于后台,演员上场前看上几眼,至于到了台上怎么办,就全凭演员自己临场发挥。

中国话剧发展史(二)

五四运动以后话剧的形成:五四新剧的倡导者,特别钟情于挪威剧作家易卜生的戏剧。胡适就推崇、介绍过"易卜生主义",尤其推崇他的《玩偶之家》等社会问题剧,这对后来中国话剧的创作有着重要的影响。胡适的《终身大事》、熊佛西的《新人的生活》等塑造了一批出走者形象,被称为"娜拉剧",呈现出五四话剧最初的特色。五四运动以后,出现"爱美剧运动"(即非职业性戏剧运动),产生了一大批优秀作品,如欧阳予倩的《泼妇》、洪深的《赵阎王》、田汉的《获虎之夜》、丁西林的《压迫》、郭沫若的《三个叛逆的女性》等。1928年,经洪深提议,称新剧为"话剧"。

现代话剧的奠基人洪深加盟戏剧社后,就推出排演制度,规范演员的表演,确立了导演的权威,寻求舞美设计与剧本风格的一致。同时,结束了舞台上"男扮女装"的旧习。

田汉:田汉是中国话剧诗化现实主义的开拓者,他的剧作具有多样的探索。由他领导的"南国社",成为中国南方演剧的先锋。独幕剧《获虎之夜》是田汉早期的代表作,它描写了湖南乡下的一个猎户人家所发生的悲剧。他把中国农村的猎虎传奇,同一对恋人的爱情悲剧巧妙地融为一体,写得凄婉动人,颇富诗意。

南国社:由田汉领导的南国社,是20世纪30年代上海最活跃和最具深远影响的团体。20世纪30年代初,文明戏已经衰落,几个著名的"爱美的戏剧"剧团也不景气。但是一些外国名剧,如《威尼斯商人》《万尼亚舅舅》《女店主》等仍不时上演。田汉等人这时带领着一批年轻的艺术家埋头苦干,连续公演了以他编写的剧本为主的新剧目。新剧目内容风格新颖,受到观众的喜爱。20世纪30年代的左翼戏剧运动收获颇丰。曹禺的《雷雨》和《日出》标志着中国话剧艺术的成熟。其他名剧还有田汉的《名优之死》,洪深的"农村三部曲"(《五奎桥》《香稻米》《青龙潭》),夏衍的《上海屋檐下》,李健吾的《这不过是春天》等。20世纪40年代的优秀剧作有:郭沫若的《屈原》,阳翰笙的《天国春秋》,欧阳予倩的《忠王李秀成》《桃花扇》,陈白尘的《升官图》,吴祖光的《风雪夜归人》,田汉的《丽人行》,宋之的《雾重庆》,等等。

中国话剧发展史(三)

中华人民共和国成立后,话剧创作进入新的繁荣期,许多老作家有新剧作问世。著名的有老舍的《龙须沟》《茶馆》。1957年发表的《茶馆》,不但是老舍戏剧创作的高峰,也是新中国戏剧创作中具有里程碑意义的杰作。《茶馆》写了三个"朝代",以茶馆老板王利发为贯穿线索,时间跨度达五十年,写活了七十个人物。老舍先生以高度的艺术概括、浓郁的民族气息、浓重的历史含量和深厚的生活气息,谱写了一部史诗性的画卷。总导演焦菊隐为这出戏的成功做出了重要贡献。焦菊隐从《龙须沟》开始就已经在探索演剧民族化的道路。他对斯坦尼斯拉夫斯基体系有着深刻的理解和掌握。但是,他更愿意将中国戏曲的精华运用到话剧中来,并且找到它同斯氏体系融合,打通中国戏曲同西方戏剧结合的道路。在导演《茶馆》的过程中,他把这种探索推向了极致,标志着"北京人艺演剧学派"的创立。另外,还有郭沫若的《蔡文姬》《武则天》,田汉的《关汉卿》《文成公主》,夏衍的《考验》,曹禺的《明朗的天》《胆剑篇》《王昭君》,等等。

中国话剧发展史(四)

当代热点:崛起于20世纪80年代末、兴盛于90年代的中国小剧场,以林兆华导演的《绝对信号》为排头兵。20世纪90年代末,小剧场运动的方兴未艾,使一批年轻的导演和演员为之倾心投入,殚精竭虑。《思凡》改编自明代戏曲古本,描写一对僧尼为了爱情双双逃出庙庵的故事。导演孟京辉等大胆地将《十日谈》等名著故事穿插其间,进行了东、西方观念的对比,形式活泼,观赏性强。此剧一出,即引领了小剧场演出的某种趋向。此后以孟京辉为中心的创作群体又推出了《一个无政府主义者的意外死亡》《恋爱的犀牛》《坏话一条街》等戏剧作品。这一时期,"北京人艺演剧学派""军旅戏剧",以东北作家创作的具有地方色彩的"黑土戏剧"等异彩纷呈。这一时期,引起广泛关注的剧目还有《天下第一楼》《地质师》《商鞅》《鸟人》等。

我交流,我思考——中国话剧不同发展阶段的历史背景。

我总结——中国话剧不同的发展阶段拥有不同的特点。

我拓展——模仿一些中国话剧的精彩片段,真切感受一下中国话剧的魅力。

中国话剧不同发展阶段
人们精神生活的不同艺术追求

我准备

我感受——中国话剧不同发展阶段,人们精神生活的不同艺术追求,感受其中的精彩。

我了解——通过网络了解相应时代人们现实生活的印记,了解人类文明进步的重要符号。

我思考——思考几个问题,为你的学习做好准备。

问题域	问题内容	问题回答
中国话剧	早期观看的场地在哪里?	
中国话剧	是如何运作的?	
中国话剧	表演者与观众互动吗?	

我探索

我设问——最早的中国话剧主要流派是怎样形成的呢?

我感受——欣赏不同流派演绎话剧的不同艺术风格。

我思考——在中国话剧的发展史上,每个阶段不同流派各自的特点是什么?

我阅读——中国早期话剧流派及特征

中国早期话剧运动是由众多艺术团体组成的一个崭新的戏剧运动。这些艺术团体基本上都采用了西方话剧的艺术形式,但在表演和剧作等方面又有很大的差别,形成鲜明的流派特征。

一、为革命而演剧的春阳社和进化团

任天知　　　　　　　　　　王钟声

辛亥革命前夕,在国内影响最大的新剧团体是以王钟声为首的春阳社和以任天知为首的进化团。王钟声公开声明以演剧为手段"唤起沉沉之睡醒",任天知更以激烈的言辞宣称他演剧就是"反对政府"。王钟声先后编演的《秋瑾》《徐锡麟》等剧,有力地配合了资产阶级民主革命。进化团演出的剧目如《血蓑衣》《恨海》等,或控诉旧社会的罪恶,或歌颂革命者的无畏,直接或间接地为辛亥革命制造了舆论。《黄金赤血》《共和万岁》《黄鹤楼》等,或号召人们募捐以支持新生的革命政权,或热情洋溢地赞颂新建立的共和政府,或反映武昌起义者的光辉业绩,对革命进程也起到一定的推动作用。

春阳社和进化团演出的剧本在编制方面可分为两种情况,第一种基本上是剧本,但有些场次带有幕表的性质;第二种完全属于幕表性质(幕表剧:即没有剧本,而是将分场内容和动作提示写在幕表纸上悬于后台,扮演者按照提示在台上即兴表演)。当时早期话剧尚处于初期阶段,人们对剧本的作用认识不足;同时为了配合政治斗争,需要迅速反映现实生活中发生的重大事件,也来不及精雕细刻。

从演出看,化装讲演是这个流派的又一突出特点。任天知、王钟声等为宣传革命,往往在舞台上大发议论做长篇讲演。宣传革命、配合形势的戏自然要大讲特讲,即使演出外国戏或家庭戏也掺杂许多化装讲演的成分。

春阳社与进化团解体后,新民社与民鸣社继承其衣钵成为这一流派无可争辩的继承者。

二、为艺术而演剧的春柳社、新剧同志会、春柳剧场

春柳社成立于日本,其成员都不是革命家,所以便形成了与春阳社、进化团等剧团截然不同的艺术流派。其特点表现为:

1. 受日本"新派剧"影响最重。春柳社成立前后,其骨干成员李叔同、陆镜若、欧阳予倩等经常观摩日本"新派剧",有的还拜日本"新派剧"著名演员为师学习表演、化装、舞台布景。他们演出的剧目《不如归》《社会钟》《猛回头》《热血》等都是从日本"新派剧"中移植过来的,其编剧方法、表演技巧无不带有日本"新派剧"的烙印。

2. 编演的剧目大部分反映社会问题,外国题材占很大比重。据欧阳予倩回忆,春柳社共演出81个剧目,除《运动力》反映政治问题外,其他全部是反映社会问题的。新剧同志会上演的剧目除《家庭恩怨记》外,其他剧目也是从日本翻译过来的。相比之下,春柳剧场上演的中国题材的戏较多,但是外国戏仍占很大比重。

3. 演出的剧目大都有完整的剧本。春柳社很重视剧本的完整性和艺术性,像经常演出的《家庭恩怨记》《不如归》《猛回头》等,用现代的标准来衡量也是很好的话剧剧本。

4. 对话完全用汉语。参加春柳社的成员必须先学会汉语,然后才能参加。他们回国后成立的新剧同志会、春柳剧场也一直坚持这一原则。

三、为教育而演剧的南开新剧团

在上海职业新剧团渐趋衰落的时候,天津南开学校新剧团与众不同地出现在舞台上,有力地推动了北方的新剧运动。

1. 为教育而演剧是南开新剧团的突出特点。当时的校长张伯苓创办新剧团的目的就在于"借演剧以练习演说,改良社会,后方做纯艺术之研究"。有的师生还把新剧当作自我教育和教育他人的有力工具。

2. 他们演出的剧本都有较深刻的思想性和强烈的现实意义。南开新剧团总共编演了十余出新剧,其中最优秀的是《新村正》《一元钱》《一念差》。这三个剧本从不同角度揭露了社会生活的黑暗,揭示了人伦道德方面的缺陷。

3. 写实主义的创作方法和表演技巧。翻开南开新剧团所演出的剧本和剧照,便可清

楚地看出,它编演的剧本绝大部分是反映现实生活的时装戏。在写作上采用口语,着重塑造人物形象,表演技巧上完全模拟现实生活中的人物动作,在化装穿戴上也与生活中的人物保持一致。

4. 完整的组织形式。新剧团设团长一人,下设编纂部、演作部、布景部和审定部,每部设正、副部长各一人,并设有专职导演。

1914年,中国的文明戏早期话剧达到鼎盛期,代表的剧团是新民社和民鸣社,但还有别的倾向的剧团,这就是春柳社和后来的新剧同志会。通过上海《申报》刊登的演出广告可以知晓,当时春柳社在上海演出的所有剧目中演出数量最多的戏,第一是《不如归》,第二是《家庭恩怨记》。

舞台剧《不如归》改编自日本作家德富芦花1900年出版的畅销小说。1903年,"新派剧"演员第一次演出《不如归》。此后,《不如归》成为"新派剧"的代表作之一。在明治时代的《不如归》剧本中,最有代表性的是柳川春叶编的。1908年,林纾把《不如归》翻译成中文。可是,春柳社演出的《不如归》不是根据林纾的翻译本改编的,它的演出剧本是马绛士翻译成中文的。一看马绛士剧本就明白,他的剧本原本是柳川春叶的剧本。柳川春叶剧本中的说明词大都被删去,若干台词也被省略;可是马绛士剧本基本上沿袭了柳川春叶剧本的内容。新派剧《不如归》里有很多歌舞伎遗留物,但马绛士剧本没翻译,它接近于纯粹话剧剧本。

在调查文明戏演出剧目时,发现了一个很奇怪的事实:文明戏主流剧团的新民社和民鸣社几乎没有演出《不如归》。新民社一次也没演出《不如归》,民鸣社虽然在1916年9月、10月演出了四次《不如归》,但这是春柳社崩溃后吴我尊等春柳社成员参加民鸣社的缘故。而新民社和民鸣社的演出数量最多的十个剧目中,都有春柳社的另一个代表作《家庭恩怨记》,就是现在看到的是《中国早期话剧选》中胡恨生忆述的剧本。文明戏主流剧团为什么不演出《不如归》? 其中一定有原因。

《不如归》和《家庭恩怨记》都是家庭悲剧戏。女主角在戏中最后都死去,男主角都是军人,但是军人戏常有的对国家、民族要奉献的大道理,两个戏里几乎都没有涉及。这是两个作品的共同点,但这两个戏的不同点也很明显。

《不如归》的主要内容是写川岛武男和浪子这对年轻夫妇间的纯粹爱情。剧中主要矛盾发生在武男、浪子两个人和川岛家的母亲庆子之间。母亲把维持家庭作为最重要的事情,武男不在时让浪子离婚回娘家,这是剧中矛盾的最高潮。

《家庭恩怨记》则不一样,剧中主要矛盾在军官王伯良和妓女小桃红之间。王伯良和小桃红的关系也跟武男和浪子完全不同,王伯良喜欢小桃红并为她赎身,但小桃红并不爱王伯良。这种不把爱情而是把金钱作为媒介的男女关系最后破裂了,这就是《家庭恩怨记》的主要内容。《家庭恩怨记》情节单一，同时充斥着刺激性的内容。这是当时观众欢迎《家庭恩怨记》的原因。

《不如归》中最精彩的场面是武男、浪子两个人对话和最后武男动身。这一幕里的戏剧性在于通过对话进行的两个人个性交流和由此引出的戏剧气氛。这种两个人个性交流跟《不如归》所有情节里充满的纯爱气氛有密切关系，他们的个性交流只是一种纯粹爱情的交流。

新民社、民鸣社等剧团能否表现这种纯爱的戏剧气氛呢？文明戏主流剧团演戏常常没有明确的剧本而通过即兴表演进行演出。这种表演方法对《不如归》那样要依靠台词形成静谧戏剧气氛的戏剧作品演出非常不利，很可能是他们直觉地知道自己的表演方法不适合《不如归》的演出。《家庭恩怨记》中没有这种依靠台词表现静谧戏剧气氛的情景，所以文明戏主流剧团的那种表演方法也可以成功地演出。春柳社在日本受到文艺协会的影响，他们的表演方法中有现代话剧因素，所以春柳社能成功演出《不如归》。

我交流，我思考——早期中国话剧的主要流派及特征是什么？

我总结——中国话剧发展的不同阶段涌现了不同的表演流派，这些流派的形成主要受哪些因素影响？

我拓展——中国话剧不同发展阶段的人文情怀的因素有哪些？

第四课　中国话剧与传统戏曲

我准备

　　我感受——收集中国话剧与传统戏曲以及舶来话剧的图片、音视频资料,看一看它们有什么差别。

　　我了解——通过网络了解有关中国话剧与传统戏曲的分类与特点,与周围的人交流一下。

　　我思考——思考几个问题,为你的学习做好准备。

问题域	问题内容	回答
戏剧	我国最早的传统戏曲是什么样的呢?	
戏剧	选取我国两张不同时代的传统戏曲图片,比较一下它们的不同在哪里?	
戏剧	我国传统戏曲主要经历了哪几个发展阶段?	
戏剧	你觉得舶来话剧对我国话剧发展重要吗? 为什么?	

我探索

　　选择《牡丹亭》、《梁祝》、莎士比亚的四大悲剧、曹禺的《雷雨》等剧目的精彩片段。

《雷雨》剧照

我设问——你觉得三类戏剧最大的不同是什么？

我感受——欣赏一下上述经典片段，与同学交流感受。

我思考——这三类话剧分别有什么特点？

1. _____　　2. _____

3. _____　　4. _____

5. _____　　6. _____

我尝试，我交流——根据上节课学到的方法试着小组合作，分工—搜集—交流—整理—表达，谈谈你的发现。

我阅读

中国话剧：中国话剧形成于20世纪初，由在美国学习西方戏剧，并毕生致力于将其在中国发扬光大的洪深命名为话剧，依靠唱、念、做、打等手段，与注重对生活进行程式化表现的中国戏曲相区别。话剧在五四运动前后已成熟；此后，一般以1949年中华人民共和国成立为标志，分为现代和当代两个时期。中国现代戏剧以广泛吸收西方现代戏剧的众多流派为起点，在社会运动和革命斗争的浪潮中，逐步形成了自己的传统。

中国戏曲：中国戏曲主要是由民间歌舞、说唱和滑稽戏三种不同艺术形式综合而成。它起源于原始歌舞，是一种历史悠久的综合舞台艺术样式。经过汉、唐到宋、金才形成比较完整的戏曲艺术，它由文学、音乐、舞蹈、美术、武术、杂技以及表演艺术综合而成，有三百六十多个种类。它的特点是将众多艺术形式以一种标准聚合在一起，在共同具有的性质中体现其各自的个性。中国戏曲与希腊悲剧和喜剧、印度梵剧并称为世界三大古老的戏剧文化，经过长期的发展演变，逐步形成了以"京剧、越剧、黄梅戏、评剧、豫剧"五大戏曲剧种为核心的中华戏曲百花苑。其他比较著名的戏曲种类有昆曲、坠子戏、粤剧、淮剧、川剧、秦腔、沪剧、晋剧、汉剧、河北梆子、河南越调、河南坠子、湘剧、湖南花鼓戏等。

西方戏剧：西方戏剧的发展伴随着西方社会的发展。按时序划分为：古希腊罗马戏剧、中世纪戏剧、文艺复兴时期戏剧、古典主义时期戏剧、启蒙运动时期戏剧、19世纪戏剧、现代戏剧和当代戏剧。在某些历史时期，按照不同的风格类型又可以划分诸多流派。

　　我交流，我思考——中国现代话剧在发展的过程中经历了外来文化与传统文化的碰撞与交融，你觉得最深刻的地方体现在哪里？

　　我总结——中国现代话剧博采众长，它对外来文化、传统文化的吸收与继承体现在哪里？

　　我拓展——带着你自己的理解与体会，用自己的方式演一演《雷雨》（小组合作）。

第五课　世界三大表演体系

以三大表演体系之一梅兰芳为例

我准备

我感受——观看梅兰芳的《霸王别姬·剑舞》，感受作为世界三大表演体系之一的梅兰芳的精湛技艺和个人魅力。

我了解——通过网络了解梅兰芳的生平和主要事迹，与周围的人交流一下。

我思考——思考几个问题，为你的学习做好准备。

问题域	问题内容	问题回答
戏剧	中国京剧男旦是如何形成的？	
戏剧	梅兰芳先生的艺术风格是怎样的？	
戏剧	京剧的四大名旦分别是谁？	

我探索

事件：梅兰芳的《霸王别姬·剑舞》。

我设问——中国京剧男旦是如何形成的？

我感受——欣赏一下梅兰芳《霸王别姬》的经典片段，与同学交流感受。

我思考——梅兰芳先生的艺术风格是怎样的？

1. ＿＿＿＿＿＿＿＿＿＿　　2. ＿＿＿＿＿＿＿＿＿＿
3. ＿＿＿＿＿＿＿＿＿＿　　4. ＿＿＿＿＿＿＿＿＿＿
5. ＿＿＿＿＿＿＿＿＿＿　　6. ＿＿＿＿＿＿＿＿＿＿

我尝试，我交流——尝试总结出梅兰芳先生的艺术风格，并在小组内进行交流探讨。

我阅读——梅兰芳的生平

梅兰芳(1894—1961),名澜,又名鹤鸣,乳名裙姊,字畹华,别署缀玉轩主人,艺名兰芳,清光绪二十年(1894)出生于北京,祖籍江苏泰州。中国京剧表演艺术大师。

梅兰芳八岁学戏,九岁拜吴菱仙为师学青衣,十岁登台。后又求教于秦稚芬和胡二庚学花旦。1915年4月至1916年9月,新排演了《宦海潮》《牢狱鸳鸯》《思凡》等十一出戏。于1949年前先后赴日本、美国、苏联演出,并荣获美国波莫纳学院和南加州大学的荣誉文学博士学位。1950年任中国京剧院院长;1951年任中国戏曲研究院院长;1953年任中国戏剧家协会副主席;1959年加入中国共产党;1961年8月8日,梅兰芳因病在北京病逝,享年六十七岁。

梅兰芳在五十余年的舞台生涯中,发展和提高了京剧旦角的演唱和表演艺术,形成一个具有独特风格的艺术流派,世称"梅派"。其代表作有《贵妃醉酒》《天女散花》《宇宙锋》《打渔杀家》等,并先后培养、教授学生一百多人。

一、创立梅派

梅派形成初期

京剧形成初期,以梅巧玲为代表的一代老前辈艺术家开启了京剧男旦艺术的篇章。梅巧玲开创的梅派艺术,对京剧旦角表演艺术的提高与发展做出了卓越的贡献,也成为梅派男旦的重要奠基人。到第二代梅派传人梅巧玲之子梅竹芬承父衣钵,良好地继承梅巧玲的唱法,他对梅派艺术的传承功不可没。

梅派的创立

20世纪二三十年代,梅巧玲之孙梅兰芳继承并发展了梅派艺术,当时的男旦艺术在京剧史上出现了梅尚程荀四大名旦,让整个京剧发展步入了巅峰时期,这是京剧走向兴盛的重要标志。

梅兰芳旦行立派也是从"梅派"开始的,而京剧行当中梅兰芳最擅演的是"旦",故梅兰芳是中国旦角创艺立派第一人。

京剧中把女性统称为"旦",其中按照人物的年龄、性格又可细分为许多行当,饰演大家闺秀和有身份的妇女称为"正旦"。正旦在京剧中俗称"青衣",这是因正旦所扮演的角色常穿青色的长衫而得名。京剧《窦娥冤》中的女主角窦娥就是典型的青衣角色。青衣的表演庄重娴静,秀雅柔婉,以唱功为主。一般来说,青衣的唱腔旋律优美,细腻婉转。

梅兰芳通过不断的努力,终于集京剧旦角艺术之大成,融青衣、花旦、刀马旦行当为一炉,创造出独特的表演形式和唱腔,世称"梅派",影响很大。

梅派的创新

梅兰芳所创新的京剧梅派艺术,不仅是中国京剧与整个中国戏曲艺术的高峰,而且还位列世界三大表演体系之一。梅派艺术的发展,得益于时代的机遇,当时北京精英荟萃,戏楼茶馆云集,在梅兰芳缀玉轩聚集的"梅党"也各显其长,共襄盛举,进而成就了当时梅兰芳的梅派艺术。

艺术戏剧融合

中国戏剧在服装、道具、化装、表演上综合起来可以说是活动的水墨画。梅兰芳深知应该从绘画中吸取对戏剧有帮助的养料,于是他研习作画,并向一些绘画名家求教,其中包括齐白石;而齐白石又非常喜爱梅兰芳的戏剧。齐白石对梅兰芳而言是亦师亦友。梅兰芳将艺术、生活和兴趣联结在一起,让中国传统书画走进戏剧,扩展了艺术领域;同时将原有的艺术壁垒打破,开创出新的出路,并将这种新式事物传到了国外。

梅派传承

梅兰芳的一生,体现了不断革新、精益求精的敬业精神,他将诸多艺术领域的创作思想融于京剧艺术舞台表演,使京剧旦行的唱腔、表演艺术臻于完美的境界,成为旦行中影响深远的流派。其中最能体现梅派艺术的代表剧有《霸王别姬》《贵妃醉酒》《穆桂英挂帅》等。

在梅派艺术的传承上,梅兰芳之子梅葆玖深得其父教诲和指导。作为梅派艺术的领军人物、京剧界举足轻重的男旦演员,梅葆玖在致力于梅派艺术的传承和发展工作中,深切感受到男旦艺术传承的重要性和迫切性,并为之积极努力着。

而在梅派艺术的优秀传人中,胡文阁被认定为梅派后辈青年京剧男旦演员中的佼佼者。他师承梅葆玖等艺术家,拜梅葆玖为师。在跟随梅葆玖学习的过程中,他良好地继承了梅派艺术,展现了男旦艺术的魅力,为梅派艺术、男旦艺术的传承与发展,贡献着自己的力量。

二、戏曲理论

梅兰芳一生主要从事京昆表演,创作了一批时装戏和古装戏,加工整理了一批传统戏,如《牢狱鸳鸯》《宦海潮》《一缕麻》《嫦娥奔月》等。他对中国戏曲的贡献是多方面的,之于戏曲理论的贡献仅是其中一面。

梅兰芳提出了"中国戏剧之三要点"。第一点,西方戏剧与中国戏剧的隔阂是可以打破的。第二点,中国戏剧的一切动作和音乐等完全是姿势化的。所谓姿势化,就是一切的动作和音乐等都有固定的方式。例如,动作有动作的方式,音乐有音乐的方式,这种种方式,可作为艺术上的字母,将各种不同的字母拼凑在一起,就可成为一出戏。第三点,中国(戏)未来之趋势必须现代化,并不一定是戏剧、本体的现代化,是要使剧中的心情和伦理成为现代化,如背景与灯光也可姿势化,使其有固定的方式来表现剧中各种情绪,这是中国戏剧今后可试验的途径。

这三点很有理论意义和实践价值,可以为中国的京剧传承发展提供有益的启示。梅兰芳先生的理性阐述,根植于中华民族文艺理论的沃土之中,深入浅出、通俗易懂。这是一份难得的戏曲理论遗产,不仅对梅兰芳京剧表演理论体系的总结至关重要,而且丰富了中国戏曲表演理论体系,值得深入总结研究。

我交流,我思考——

我总结——

我拓展——

世界三大戏剧表演体系介绍

我准备

我感受——收集世界戏剧三大表演体系的视频资料,看一看它们的差别。

我了解——通过网络了解有关世界戏剧三大表演体系的知识,与同学交流。

我思考——思考几个问题,为你的学习做好准备。

问题域	问题内容	问题回答
戏剧	世界三大戏剧表演体系的内容是什么?	
戏剧	为什么要了解世界三大戏剧表演体系?	
戏剧	世界三大戏剧表演体系分别有什么特点?	
戏剧	世界三大戏剧表演体系的主要区别是什么?	

我探索

我设问——世界三大表演体系包括哪些内容？

我感受——欣赏一下世界三大表演体系戏剧的经典片段，与同学交流感受。

我思考——世界三大表演体系各有什么特点？

1. ＿＿＿＿＿＿＿＿＿＿＿＿ 2. ＿＿＿＿＿＿＿＿＿＿＿＿

3. ＿＿＿＿＿＿＿＿＿＿＿＿ 4. ＿＿＿＿＿＿＿＿＿＿＿＿

5. ＿＿＿＿＿＿＿＿＿＿＿＿ 6. ＿＿＿＿＿＿＿＿＿＿＿＿

我尝试，我交流——尝试总结出世界三大表演体系的区别在哪里，并在小组内进行交流探讨。

我阅读——世界三大表演体系

一、斯坦尼斯拉夫斯基体系

斯坦尼斯拉夫斯基（1863—1938），苏联著名演员、导演、戏剧教育家、理论家、舞台艺术改革家，著有《我的艺术生活》《演员自我修养》等书。斯氏体系的精华在于体现出人的"天性"：要求演员不是好像存在于舞台上，而是真正存在于舞台上；不是在表演，而是在生活。演员应当永远是舞台上活生生的人，要遵守生活的逻辑和有机性的规律，在规定情景中真诚地去感觉、去想、去动作。

《雷雨》剧照

在与演员的合作上，体系强调演员在舞台上的首要地位，发展演员的创作主动性，通过整体演出体现导演的风格。强调内容与形式的统一，强调演出各部分之间的和谐一致和演出的艺术完整性。体系中关于演员的创作原理和训练方法，斯坦尼斯拉夫斯基称为体验派。要求的不是模仿形象,而是"成为形象",生活在形象之中,并要求在创造过程中有真正的体验。因此,斯坦尼斯拉夫斯基的体系对20世纪的世界戏剧文化产生了重大的影响。

二、布莱希特体系

布莱希特(1898—1956),德国剧作家、戏剧理论家、导演、诗人。主要剧作有《圆头党和尖头党》《第三帝国的恐怖与灾难》《卡拉尔大娘的枪》《伽利略传》《大胆妈妈和他的孩子们》《四川好人》《潘蒂拉老爷和他的男仆马狄》以及改编的舞台剧《在第二次世界大战中的帅克》《高加索灰阑记》等。

《四川好人》剧照

布莱希特演剧推崇"间离方法",又称"陌生化方法",这是他提出的一个新的美学概念,又是一种新的演剧理论和方法。它的基本含义是利用艺术方法把平常的事物变得不平常,揭示事物的因果关系,暴露事物的矛盾性质,使人们认识改变现实的可能性。但就表演方法而言,"间离方法"要求演员与角色保持一定的距离,不要把二者融合为一,演员要高于角色,驾驭角色,表演角色。

三、以梅兰芳为代表的京剧艺术体系

梅兰芳,原籍江苏泰州,生长在北京,祖父梅巧玲和父亲梅明瑞都是京剧演员,伯父梅雨田是京剧琴师。他八岁学戏,十岁登台,在辛亥革命前已成为著名旦角之一。辛亥革命后,他立志京剧改革,博采众长,勤学苦练,终于成为一代京剧宗师。

梅兰芳主张中国戏曲是间离与共鸣的统一,是程式化的体

《霸王别姬》剧照

验与表现的结合,是载歌载舞、高度综合的舞台艺术。主要体现为:

1. 写意的表现方法。写意的方法,实质就是虚拟的方法。写意是中国古代艺术和美学思想中的一个重要命题。它在戏曲艺术中的体现,主要是突破时间、空间限制,以动作虚拟,布景虚拟,造成一个与实际生活面目相去甚远,但富有意境美的舞台艺术世界。

2. 程式化的表现方法。戏曲表演把经过体验的人物形象,通过程式化的表现方法再体现出来。它的体现不是话剧艺术那种模仿的方式,而是一种象征性的表现方式。

3. 以演员为中心。戏曲虽然是综合艺术,但要以演员为中心来综合。一方面,戏曲艺术"戏随人走,景随人迁",演员地位十分重要;另一方面,程式化的、写意的戏曲表演艺术,有突出的形式美,有很强的观赏性,音乐唱腔对观众十分重要,具有相对的艺术独立性。所以,戏曲艺术是以演员为中心的综合艺术。

我交流,我思考——

我总结——

我拓展——

拓展欣赏 ——

从名画看东、西方艺术审美的差异

我准备

我设问——东、西方艺术审美的差异在哪里?

我感受——欣赏东、西方名画,与同学交流感受。

我思考——东、西方艺术审美的差异。

夸张《女孩与小船》([西班牙]毕加索)

写实《蒙娜丽莎的微笑》
([意大利]达·芬奇)

写意《虾戏》([中国]齐白石)

1. ＿＿＿＿＿＿＿＿＿＿＿　　2. ＿＿＿＿＿＿＿＿＿＿＿

3. ＿＿＿＿＿＿＿＿＿＿＿　　4. ＿＿＿＿＿＿＿＿＿＿＿

5. ＿＿＿＿＿＿＿＿＿＿＿　　6. ＿＿＿＿＿＿＿＿＿＿＿

我尝试，我交流——尝试总结出东、西方艺术审美的差异，并在小组内进行交流探讨。

我交流，我思考——

我总结——

我拓展——

第二单元
话剧欣赏与特点

第六课　话剧的内容欣赏

我准备

我感受——观看老舍的《茶馆》，感受在当时的背景下人们生活工作的方式及心态。

我了解——通过赏析《茶馆》了解中国在当时的时代变迁，并与同学进行交流。

我思考——思考几个问题，为你的学习做好准备。

问题域	问题内容	问题回答
话剧	裕泰的大茶馆经历了哪些时代的更迭？	
话剧	《茶馆》给你留下印象最深的是什么？	
话剧	老舍先生的作品有哪些艺术特点？	

我探索

我设问——裕泰的大茶馆经历了哪些时代的更迭？

我感受——《茶馆》给你留下印象最深的是什么？

我思考——老舍先生的作品有哪些艺术特点？

《茶馆》剧照

1. _____   2. _____
3. _____   4. _____
5. _____   6. _____

我尝试,我交流——尝试总结出老舍先生的艺术风格,并在小组内进行交流探讨。

我阅读——老舍先生的生平

舒庆春(1899—1966),字舍予,笔名老舍,满族正红旗人,本名舒庆春,生于北京,中国现代小说家、著名作家,杰出的语言大师、人民艺术家,中华人民共和国成立后第一位获得"人民艺术家"称号的作家。著有长篇小说《小坡的生日》《猫城记》《牛天赐传》《骆驼祥子》等,短篇小说《赶集》等。老舍的文学语言通俗简洁、朴实无华、幽默诙谐,具有较强的北京韵味。

一、创作题材

老舍的作品大多取材于市民生活。他善于描绘城市贫民的生活和命运,尤其擅长刻画浸透了封建宗法观念、保守落后的中下层市民,在民族矛盾和阶级搏斗中,在新的历史潮流冲击下惶惑、犹豫、寂寞的矛盾心理和进退维谷、不知所措的可笑行径,关于自然风光的色彩鲜艳的渲染和关于风俗人情的细致入微的描摹,增添了作品的生活气息和情趣。在现代文学史上,老舍的名字总是与市民题材、北京题材密切联系在一起。他是现代中国文坛上杰出的风俗、世态(尤其是北京的风土人情)"画家"。作为一位大家,他所反映的社会现实可能不够辽阔,但在他所描绘的范围之内,却把历史和现实,从一年四季的自然景色,不同时代的社会气氛、风俗习惯,一直到三教九流各种人等的喜怒哀乐、微妙心态都结合浓缩在一起,有声有色、生动活泼,自成一个完整丰满、"京味"十足的世界。这是老舍在现代文学史上的特殊贡献。

老舍作品的另一个特点,是表现出鲜明的反帝爱国主旨。老舍的作品中往往直接揭露帝国主义侵略罪行,从不同侧面描写它们的经济、文化、宗教渗透和种族歧视所给予中国人民的种种伤害。他表现民族觉醒、表彰民族气节,同时抨击在这些侵略和渗透面前卑躬屈节、为虎作伥的洋奴汉奸。写于20世纪60年代初的话剧《神拳》,再现了北京居民抗击八国联军的壮烈情景。

二、文学思想

老舍的文学思想成分复杂,现代文学史中无产阶级文学和资产阶级文学的斗争里,他的派别色彩不明显,尽管他对左派的革命领导文学的艺术指导方式及其他艺术思想上的主张颇有微词。同时老舍也未曾加入苏汶和梁实秋等人的第三派——不认为文学至死都是自由的。他的文学思想的基调是强调文学的自由表达,同时认为文学对社会的作用是不期而然的和远期的。但是由于受到时代的影响,老舍也曾一度向文学的实用性靠近,然而经过一段时间的发展,他又感到不适,于是又重新呼唤并实践文学的自由表达和艺术性,在此期间其文学思想也出现了反复和震荡。因此而言,老舍没有坚定单纯的文学立场,他的文艺思想是摇摆不定的,但是他倾向于从感情角度看文学,认为"使人欣喜是艺术的目的","文学是认识生命的,解释生命的"。同时老舍认为,"文以气为主"强调表达自我为主,不使文学变成传道的教科书。

三、社会评价

胡风:舍予是经过了生活的甜酸苦辣的,深通人情世故的人,但他的"真"不但没有被这些所湮没,反而显得更突出、更难能而且可爱。所以他的真不是憨直,不是忘形,而是被复杂的枝叶所衬托着的果子。他的客客气气,谈笑风生里面,常常要跳出不知道是真话还是笑话的那一种幽默。现在大概大家都懂得那里面正闪耀着他对于生活的真义,但他有时却要为国事,为公共事业,为友情伤心落泪,这恐怕是很少为人知道的。

舒乙:生活中的父亲完全是矛盾的。他一天到晚大部分时间不说话,在闷着头构思写作,很严肃、很封闭。但是只要有人来,一听见朋友的声音,他马上就活跃了,平易近人,热情周到,很谈得来。仔细想来,父亲也矛盾。因为他对生活、对写作极其认真勤奋,另一方面,他又特别有情趣,爱生活。

朱光潜:据我接触到的世界文学情报,全世界得到公认的中国新文学家也只有沈从文与老舍。

樊骏评价幽默之于老舍:在某种意义上,失去了幽默,就没有了老舍,更谈不上他在文学史上取得那样的成就与地位。

我交流,我思考——

我总结——

我拓展——

第七课　话剧的形式欣赏

我准备

我感受——了解《茶馆》故事的大致背景,体会作者的思想。

我了解——通过网络了解人物的性格特点,并与周围的人交流一下。

我思考——思考几个问题,为你的学习做好准备。

问题域	问题内容	问题回答
话剧形式	话剧的形式有哪些?	
形式特点	不同的形式各有哪些特点?	

我探索

事件:欣赏《茶馆》的视频片段。

我设问——话剧的形式有哪些?

我感受——欣赏视频片段,与同学交流感受。

我思考——不同的形式各有哪些特点?

1. _____　　2. _____
3. _____　　4. _____
5. _____　　6. _____

我尝试,我交流——尝试去编写一个剧本,并在讲台上将其以表演的形式展现出来。

我阅读——相同剧场的不同舞台

《茶馆》剧照

我交流,我思考——

我总结——

我拓展——

第八课　话剧的分类与特点

我准备

我感受——收集不同戏剧的图片、音视频资料，看一看它们有什么差别。

我了解——通过网络了解有关戏剧的分类与特点，与周围的人交流一下。

我思考——思考几个问题，为你的学习做好准备。

问题域	问题内容	问题回答
戏剧	不同的戏剧有哪些地方不同呢？	
戏剧	戏剧可分成几类？分类标准是什么？	
戏剧	戏剧的特点有哪些？	
戏剧	《雷雨》属于哪类戏剧？有何特点？	

我探索

事件：以《雷雨》为例，剖析戏剧的分类和特点。

《雷雨》剧照

我设问——戏剧可以分为哪几类？分类标准是什么？戏剧的特点有什么？

我感受——欣赏一下《雷雨》的经典片段，与同学交流感受。

我思考——根据分类标准,《雷雨》属于哪类戏剧？有什么特点？

1. _____ 2. _____
3. _____ 4. _____
5. _____ 6. _____

我尝试,我交流——把刚才观看的《雷雨》按分类标准分类,寻找《雷雨》的特点,并在小组里说一说你为什么这样分类。

我阅读——戏剧的分类与特点

一、戏剧的分类

1. 按表现形式分为话剧、歌剧、舞剧、哑剧等。

2. 按剧情繁简和结构分为独幕剧和多幕剧。

3. 按题材所反映的时代分为历史剧和现代剧。

4. 按矛盾冲突的性质分为悲剧、喜剧、悲喜剧。

5. 按演出场合分为舞台剧、广播剧、电视剧等。

悲剧:指描写主人公因和现实环境的冲突,或因本身的过错而失败、受难以致毁灭的一种戏剧。悲剧的主人公大多是正面人物或英雄人物。悲剧的戏剧冲突表现为:正面主人公所追求的进步理想或所从事的正义事业,在具体的历史条件下,被强大的现实势力阻挠而不能实现,最后以主人公的失败、受难或毁灭而告终。或主人公虽不是英雄人物,甚至有严重缺点,但他要实现的某种希望还有合理因素,却因受到恶势力的打击而失败、受难或毁灭。

喜剧:一般以讽刺和嘲笑丑恶落后现象,从而肯定美好、进步的现实和理想为其主要内容。喜剧的矛盾冲突包括先进、美好的同落后、丑恶的事物之间的对立和冲突,也包括丑恶与丑恶之间、先进与先进之间的某种冲突。喜剧的本质是对旧事物的讽刺和否定,对新事物的歌颂、赞美和肯定。如莫里哀的《伪君子》、果戈理的《钦差大臣》等。

悲喜剧:因兼有悲剧和喜剧的因素,所以叫悲喜剧。悲喜剧由于兼有悲剧和喜剧的特点,能够多方面地反映社会生活,扩大和增强了戏剧反映生活的广泛性和深刻性。如《丹心谱》《西安事变》等。

二、话剧艺术的基本特点

第一,舞台性。古今中外的话剧演出都是借助于舞台完成的。舞台有各种样式,做到人物集中、矛盾集中、情节集中、场面集中。

第二,直观性。话剧首先是以演员的姿态、动作、对话、独白等表演,直接作用于观众的视觉和听觉;并用化妆、服饰等手段进行人物造型,使观众能直接观赏到剧中人物形象的外貌特征。

第三,综合性。话剧是一种综合性的艺术,其特点是与在舞台塑造具体艺术形象、向观众直接展现社会生活情景的需要相适应的。

第四,对话性。话剧区别于其他剧种的特点是,通过大量的舞台对话展现剧情、塑造人物形象和表达主题。其中有人物独白,有观众对话,在特定的时空内完成戏剧内容。话剧本是一门综合性艺术,剧作、导演、表演、舞美、灯光、评论应该说是缺一不可。除此,更不可缺少的是接受这门艺术的对象——观众。

我交流,我思考——

我总结——

我拓展——

第九课　话剧的成分介绍

我准备

我感受——网上欣赏一部话剧,判断其组成结构;尝试自编话剧的某个成分,比如旁白剧本等。

我了解——通过网络了解话剧的相关组成。

我思考——思考几个问题,为你的学习做好准备。

问题域	问题内容	问题回答
话剧	什么是话剧的成分呢?	
话剧	为什么要了解话剧的成分?	
话剧	西方话剧和中国话剧的成分一致吗?	
话剧	话剧成分经过了怎样的改变? 最早的西方话剧是什么样的呢?	

我探索

我设问——话剧的各个成分有什么特点?话剧的各个成分有什么作用?

我感受——小组表演,感受话剧不同成分的作用。

我思考——话剧的各个成分有什么作用和特点?

1. _____   2. _____
3. _____   4. _____
5. _____   6. _____

我尝试,我交流——小组之间互相交流,分享不同成分对于整部话剧的影响。

我阅读——话剧的成分

话剧由多种多样的成分组成,其中主要有人物、背景、开头、发展、高潮、结尾、台词和舞台设计等。

一、剧本基本格式

1. 剧本题目　　　　2. 剧中人物(关系)　　　　3. 地点
4. 第一幕　　　　　5. 第一场(地点)　　　　　6. 正文(舞台提示)

二、幕

幕是戏剧作品和戏剧演出中的段落。按剧情发展划分,往往有时间、地点、情节的重大变化。

三、场

幕,可进一步划分为场,有时间、地点的变化。

明场:凡通过演员在舞台上直接表演,通过视觉形象可供直观的戏统称明场。

暗场:不在舞台上直接出现视觉形象,由人物在台词中叙述交代,或通过幕后的音响效果,基本上诉之于听觉形象的戏,称为暗场,也即虚写。剧中的主要场面,一般都作明场处理,次要场面或有碍于舞台表演的情节场面,则作暗场处理。

上场下场:舞台上情节要集中,与情节无关的人站在台上无戏可演,与情节有关的人不能不在场。要从剧情出发,想个充分的理由让人物合乎情理地上场下场,自然而然地上场下场。

四、人物

人物表(简介及关系)通常按出场顺序列出。

恩格斯说过:"人的性格不仅表现在他做什么,而且表现在他怎样做;从这方面来看,我相信,如果把各个人物用更加对立的方式彼此区别得更鲜明些,基本的思想内容是不会受到损害的。"(《致斐迪南·拉萨尔》)在一切文学作品中,人物自身的行动都是刻画其性格的最主要手段。在戏剧中这一点显得尤其重要,因为动作特别适宜于舞台艺术。

人物的行动可分为大的行动、小的行动和细节行动。一般说来,在一出戏中,每一个人物的重大行动只有一两个跟主题有关。细节行动用于刻画人物性格。

五、对白

戏剧几乎完全是通过对话,即两个或多个演员之间的谈话这种形式写出来的。戏剧中,对话不用引号,每个讲话者的话都另起一行。

六、独白

角色在舞台上独自说出的台词,有时会有其他人物在场。如果是这种情况,他们这时如同聋子。它从古典悲剧发展而来,在文艺复兴时期的戏剧中使用十分广泛,是把人物的内心感情和思想直接倾诉给观众的一种艺术手段,往往用于人物内心活动最剧烈最复杂的场面——"生存,还是毁灭?"

七、旁白

角色在舞台上直接说给观众听,而假设不被同台其他人物听见的台词称旁白。内容主要是对对方的评价和本人内心活动的披露。

八、道具

道具是演员表演戏剧需要的物品,如花盆、菩萨像、手机、轮椅等。
关键道具:产生情节冲突,推动情节重大进展。
辅助道具:表现人物性格,发展情节。

九、舞台布景

舞台布景即舞台装饰,有助于展示戏剧的背景,分为写实布景和非写实布景。

十、舞台指示

舞台指示指剧本中对演员、制作和导演所做的解说,指导他们如何表演和设计舞台。舞台指示一般包含在剧本的正文中,往往写在括号内或改变字体以示区分,描述演员的讲话方式、穿着的服装、使用的舞台背景等。

十一、主题

主题指重复出现的元素(包括中心思想)。
主题的问题:如何持续发展(是否健康)?
主题的多元性:鲜明、集中。

我交流，我思考——

我总结——

我拓展——

第十课　话剧的魅力

我准备

我感受——收集不同戏剧的图片、音视频资料,看一看它们有什么差别。

我了解——通过网络了解有关话剧的文本、舞台、仪式感,与周围的人交流一下。

我思考——思考几个问题,为你的学习做好准备。

问题域	问题内容	问题回答
戏剧	从哪些方面来了解话剧的魅力?	
戏剧	话剧的精神对于话剧具有什么重要性?	

我探索

事件:以《雷雨》为例,剖析戏剧的文本、舞台、仪式感。

《雷雨》剧照

我设问——话剧的魅力可从哪些方面体现出来?分别指的是什么?

我感受——欣赏一下《雷雨》的经典片段,与同学交流感受。

我思考——《雷雨》是如何体现话剧魅力的?有什么特点?能否详细描述?

1. _____　　2. _____

3. _____　　4. _____

5. _____　　6. _____

我尝试

说出刚才观看的《雷雨》在文本、舞台、仪式感这三方面具有什么样的特点,并在小组里说一说为什么。

文本	舞台	仪式感

我交流,我思考——

我总结——

我拓展——

第三单元
世界经典话剧欣赏

第十一课　莎士比亚及其作品

莎士比亚四大悲剧

我准备

我感受——收集莎士比亚剧作的图片、音视频资料,感受作品的特点。

我了解——通过网络了解有关莎士比亚四大悲剧的知识,与周围的人交流一下。

我思考——思考几个问题,为你的学习做好准备。

问题域	问题内容	问题回答
戏剧	莎士比亚四大悲剧是指哪几部作品?	
戏剧	四大悲剧的基本剧情怎样?	
戏剧	四大悲剧作品中的人物具有怎样的特点?	
戏剧	四大悲剧的地位怎样?价值是什么?	

我探索

事件:莎士比亚四大悲剧欣赏。

我设问——莎士比亚四大悲剧悲在何处?

我感受——欣赏一下四大悲剧的经典片段,与同学交流感受。

我思考——这些悲剧产生的原因是什么？作者据此要表达什么？

我阅读——四大悲剧的经典语录及鉴赏点评

一、经典语录

（一）《哈姆雷特》

《哈姆雷特》剧照

1. 脆弱啊,你的名字就是女人!

2. 不要想到什么就说什么,凡事必须三思而后行。对人要和气,可是不要过分狎昵。相知有素的朋友,应该用钢圈箍在你的灵魂上,可是不要对每一个泛泛的新知滥施你的交情。留心避免和人家争吵;可以万一争端已起,就应该让对方知道你不是可以轻侮的。倾听每一个人的意见,可以只对极少数人发表你的意见;接受每一个人的批评,可是要保留你自己的判断。尽你的财力购置贵重的衣服,可是不要炫新立异,必须富丽而不浮艳,因为服装往往可以表现人格;法国的名流要人,就是在这点上显得最高尚,与众不同。不要向人告贷,也不要借钱给人;因为债款放了出去,往往不但丢了本钱,而且还失去了朋友;向人告贷的结果,容易养成因循懒惰的习惯。尤其要紧的,你必须对你自己忠实;正像有了白昼才有黑夜一样,对自己忠实,才不会对别人欺诈。

3. 你的话已经锁在我的记忆里,那钥匙你替我保管着吧。

（二）《麦克白》

1. 你不是没有野心,可是你却缺少和那种野心相联属的奸恶;你的欲望很大,但又希望只用正当的手段;一方面不愿玩弄机诈,一方面却又要做非分的攫夺。

2. 您要欺骗世人,必须装出和世人同样的神气;让您的眼睛里、您的手上、您的舌尖,随处流露着欢迎;让人家瞧您像一朵纯洁的花朵,可是在花瓣底下却有一条毒蛇潜伏。

3. 要是你敢做一个比你更伟大的人物,那才更是一个男子汉。

4. 去,用最美妙的外表把人们的耳目欺骗;奸诈的心必须罩上虚伪的笑脸。

(三)《李尔王》

1. 世界上还没有一种方法,可以从一个人的脸上探察他的居心。

2. 跑出门像图画,走进房像响铃,到了灶下像野猫。

3. 设计害人的时候,面子上装得像尊菩萨,人家冒犯了你们,你们便像母夜叉。爱你自己要爱在最后,珍爱那些恨你的人,诚实比起腐败会给你赢得更多的好处。

4. 篡逆者虽然暂时得逞,可是上天是公正的,时间会给坏人坏事以报应。

5. 魔鬼为了要陷害我们,使我们受伤害,往往故意向我们说真话,在小事情上取得我们的信任,然后在重要的关头使我们掉入圈套。

(四)《奥赛罗》

1. 收起你们明晃晃的剑,它们沾了露水会生锈的。

2. 主帅啊,当心你会嫉妒,那可是一只绿眼的妖魔,它惯于耍弄爪下的猎物。

3. 无论男人女人,名誉是他们灵魂中最贴心的珍宝,如果有人偷走了我的钱袋,他不过偷走了一些废物,那不过是些毫无价值的东西罢了。

4. 啊!婚姻的烦恼!我们可以把这些可爱的人儿据为己有,却无法掌控她们的各种欲望。

5. 不是每个人都能做主人,也不是每个主人都能值得仆人忠心的服侍。

二、鉴赏与点评

莎士比亚的悲剧主要是理想与现实的矛盾和理想的破灭。人文主义理想和现实社会恶势力之间的矛盾构成戏剧冲突。剧中塑造了一批具有人文主义理想的人物,描写他们与恶势力进行的悲剧斗争、毁灭及其道义力量。如,哈姆雷特就是人文主义者的典型形象。惨痛的变故使他所珍视的理想全部破灭,为父报仇、重整乾坤又使他感到任务艰难,因而忧郁、犹豫,陷入深刻的思索。在艺术上,悲剧是莎士比亚剧中成就最高的。首先,多线索手法的运用体现了情节的生动性和丰富性。如《哈姆雷特》剧中安排三条复仇线索,以王子复仇为主线,另两条线索穿插糅合其间。《李尔王》剧中也有两条平行交错的线索。其次,人物形象鲜明,作者善于深入刻画人物的内心世界,使其性格更丰满深刻。如,哈姆雷特的著名独白富有哲理性。麦克白杀人后精神崩溃的过程更是刻画得细腻真切。此外,作者还善于渲染气氛,营造悲剧性的氛围,烘托人物的心理活动。如《麦克白》剧中夜与血的形象贯穿始终,阴森恐怖。《李尔王》剧中暴雨荒原一场,激烈哀愤……凡此种种,都使莎士比亚悲剧成为文学史上不朽的名篇。

　　我交流,我思考——莎士比亚笔下四大悲剧主角人性的描写,充分反映了文艺复兴时期人文主义者对于"人"的价值、尊严和力量的注重与探索;这种注重与探索尤其表现在人性的表述上。思考一下,莎士比亚透过他的那支传神之笔,都透出了怎样的人性特点?

　　我总结——莎士比亚四大悲剧的人物写实。

　　我拓展——莎士比亚四大悲剧中的"疯癫形象"探析。

　　　　　　莎士比亚四大悲剧和曹禺悲剧的比较联系。

莎士比亚四大喜剧

我准备

我感受——收集莎士比亚四大喜剧的图片、音视频资料,看一看它们有什么差别。

我了解——通过网络了解莎士比亚四大喜剧的知识,与周围的人交流一下。

我思考——思考几个问题,为你的学习做好准备。

问题域	问题内容	问题回答
戏剧	莎士比亚四大喜剧是哪四部?	
戏剧	你能说出莎士比亚四部喜剧的基本剧情吗?	
戏剧	莎士比亚四部喜剧中令你印象深刻的人物是谁?	
戏剧	莎士比亚四部喜剧的特色及主题思想有何异同?	

我探索

事件:带领学生欣赏莎士比亚四大喜剧的魅力。

《威尼斯商人》剧照

我设问——莎士比亚四大喜剧为什么具有这么高的艺术地位？

我感受——欣赏一下莎士比亚四大喜剧的经典片段，与同学交流感受。

我思考——四大喜剧的特色及主题思想有何异同？

1. _____ 2. _____
3. _____ 4. _____
5. _____ 6. _____

我尝试，我交流——把刚才观看的几段喜剧经典片段，与小组成员合作演绎一下，感受不同人物说话的语气、神情以及心理，体会人物的性格特点。

我阅读——四大喜剧简介

一、《威尼斯商人》

《威尼斯商人》是莎士比亚早期的重要作品，也是一部具有极大讽刺性的喜剧，大约作于1596—1597年。剧本的主题是歌颂仁爱、友谊和爱情，同时也反映了资本主义早期商业资产阶级与高利贷者之间的矛盾，表现了作者对资产阶级社会中金钱、法律和宗教等问题的人文主义思想。这部剧作的一个重要文学成就，就是塑造了夏洛克这一唯利是图、冷酷无情的高利贷者的典型形象。

二、《仲夏夜之梦》

《仲夏夜之梦》是莎士比亚青春时代最后一部,也是最为成熟的一部喜剧作品,同时也是莎士比亚最著名的喜剧之一。整部戏剧情调轻松,总的来说,就是一个"乱点鸳鸯谱"的故事。剧中穿插了小闹剧当作笑料,即工匠为婚礼所排的"风马牛不相及"的喜剧以及排戏经过。这部戏剧没有什么深远的社会意义与内涵,它所包含的只是纯净的快乐,仿佛是一部戏剧的狂欢,中间也掠过一丝爱情所固有的烦恼,但亦是欢乐化、喜剧化的。

三、《皆大欢喜》

《皆大欢喜》是莎士比亚早期创作的著名喜剧。主要剧情描述被流放的公爵的女儿罗瑟琳到森林寻父和她的爱情故事。剧名《皆大欢喜》表明剧中受迫害的好人全都得到好报,恶人受到感化,有情人双双喜结良缘。这反映了莎士比亚理想中的以善胜恶的美好境界。

四、《第十二夜》

《第十二夜》是莎士比亚早期喜剧创作的终结。这部作品以抒情的笔调、浪漫喜剧的形式,再次讴歌了人文主义对爱情和友谊的美好理想,表现了生活之美、爱情之美。几百年之后,《第十二夜》的巨大艺术魅力依然不减,读起来令人心旷神怡,精神愉悦。

《无事生非》剧照

我交流,我思考——你最喜欢莎士比亚四部喜剧中的哪一部?请说出理由。

我总结——学生可以从华美的舞台背景、动人的音乐、准确的人物心理刻画与表现、人物对话等方面进行讨论,整理形成小组意见,准备在全班进行交流。

我拓展——在学生形成对莎士比亚喜剧的兴趣后,引导学生自主选择四大喜剧中的其中一部,课下继续进行深入研究学习。通过阅读、资料查询、与人合作等活动继续拓展自己的兴趣,并在集体中分享学习收获,获得学习的满足感。

第十二课　莫里哀及其作品

我准备

我感受——收集莫里哀不同代表作的图片资料,看一看它们的异同。

我了解——通过网络了解有关莫里哀及其作品的知识,与周围的人交流一下。

我思考——思考几个问题,为你的学习做好准备。

问题域	问题内容	问题回答
戏剧	莫里哀是谁?	
戏剧	莫里哀总体的创作风格是怎样的?	
戏剧	莫里哀的几部代表作分别有什么特点?	

我探索

事件:欣赏《无病呻吟》《伪君子》《悭吝人》《唐璜》。

《无病呻吟》剧照

我设问——莫里哀的创作风格是什么样的呢?

我感受——欣赏一下莫里哀代表戏剧的经典片段,与同学交流感受。

我思考——每部剧分别有什么特点?

1. ＿＿＿＿＿＿＿＿＿＿＿　2. ＿＿＿＿＿＿＿＿＿＿＿
3. ＿＿＿＿＿＿＿＿＿＿＿　4. ＿＿＿＿＿＿＿＿＿＿＿
5. ＿＿＿＿＿＿＿＿＿＿＿　6. ＿＿＿＿＿＿＿＿＿＿＿

我尝试，我交流——把刚才归纳出来的特点完善一下，以文字形式呈现出来。

我阅读——莫里哀简介

一、生平

莫里哀：法国喜剧作家、演员、戏剧活动家，法国芭蕾舞喜剧的创始人，原名让·巴蒂斯特·波克兰，莫里哀是艺名。莫里哀是法国17世纪古典主义文学最重要的作家、古典主义喜剧的创建者，在欧洲戏剧史上占有十分重要的地位。他曾享受贵族教育，但不久就宣布放弃世袭权力，从事戏剧事业。他创立"光耀剧团"，惨淡经营，曾因负债而被指控入狱。后来，他不顾当时蔑视演戏的社会风气和家庭的反对，毅然离家出走，在外漂泊了十多年。由于他积累了丰富的生活素材，编写演出了一系列很有影响的喜剧。最后，莫里哀作为剧团的领导人重返巴黎。此后，他一直在巴黎进行创作演出。莫里哀给后人留下了近三十部喜剧，我国曾翻译出版的作品有二十多部。莫里哀不仅是一位杰出的剧作家、出色的导演，还是一位造诣极高的演员，他以整个生命推动了戏剧的前进，以滑稽的形式揭露了社会的黑暗，是法国古典主义文学和欧洲文艺复兴运动的杰出代表。

二、代表作

1659年，莫里哀创作《可笑的女才子》，辛辣地讽刺了资产者的附庸风雅，抨击了贵族社会所谓"典雅"生活的腐朽无聊，因而触怒了贵族势力，遭到禁演。但莫里哀并未被吓倒，他连续编演了《丈夫学堂》和《太太学堂》。《太太学堂》因宣扬新思想，要求冲破封建思想牢笼而被指责为"淫秽""诋毁宗教"，又遭到禁演。莫里哀奋起还击，写了《〈太太学堂〉的批评》和《凡尔赛宫即兴》两出论战性短剧。1664年莫里哀写成杰作《伪君子》，1668年他又创作了另一部力作《悭吝人》又译《吝啬鬼》。

三、创作风格

莫里哀的喜剧在种类和样式上都比较多样化。他的喜剧含有闹剧成分,在风趣、粗犷之中表现出严肃的态度。他主张作品要自然、合理,强调以社会效果进行评价。他的作品开古典主义喜剧之先河,极大地影响了喜剧乃至整个戏剧界的发展。在法国,他代表着"法兰西精神"。其作品已译成几乎所有的重要语言,是世界各国舞台上经常演出的剧目。

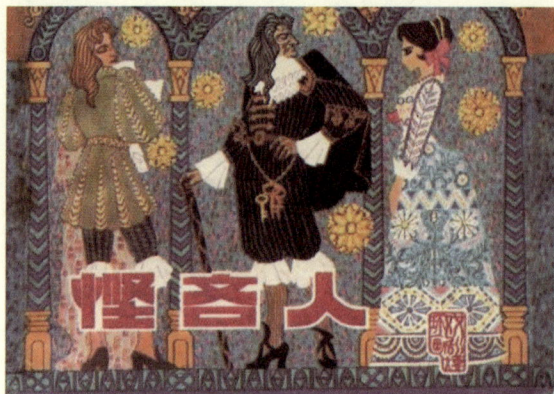

《悭吝人》连环画

我交流,我思考——莫里哀戏剧有什么特点?

我总结——莫里哀的创作风格是什么?

我拓展——课后去欣赏莫里哀其他戏剧代表作品,看看创作风格有什么不同。

第十三课　易卜生及其作品

我准备

我感受——通过网络,对易卜生和他的作品进行大概的了解。

我了解——对易卜生的生平和他的戏剧风格有所了解,对两部代表作《玩偶之家》和《人民公敌》做进一步的认识。

我思考——思考几个问题,为你的学习做好准备。

问题域	问题内容	问题回答
戏剧	易卜生是什么时代的戏剧家?	
戏剧	易卜生的戏剧有什么特点?	
戏剧	《玩偶之家》和《人民公敌》两部戏剧的情节、特点是什么?	

我探索

我设问——易卜生的作品特色是什么?

我感受——小组表演,感受两部作品。

我思考——两部作品的特点是什么? 反映出时代的什么特色?

1. _____　　2. _____
3. _____　　4. _____
5. _____　　6. _____

我尝试,我交流——小组之间互相交流,分享不同的收获。

我阅读——易卜生及其作品

一、易卜生的生平及其戏剧特点

亨利克·易卜生(1828—1906),生于挪威希恩,是一位影响深远的挪威剧作家,被称为"现代戏剧之父"。易卜生出身于挪威南部希恩镇的一个木材商人家庭。1834年,他父亲破产后,全家迁到小镇附近的文斯塔普村居住。十六岁时他到格里姆斯塔镇上的一家药材店当学徒。工作余暇,他经常阅读莎士比亚、歌德、拜伦的作品,随后自己也动手写诗,并学习拉丁文。六年艰苦的学徒生活,磨炼了他的斗争精神,同时也培育了他的创作兴趣,这在他一生中是一个重要阶段。1850年,易卜生前往首都克里斯

亨利克·易卜生

蒂安尼亚(今奥斯陆)参加医科大学入学考试,因希腊文、数学和拉丁语口语成绩不佳,未被录取。在席卷欧洲各国资产阶级革命洪流的激荡下,易卜生结交了文艺界的一些有进步思想倾向的朋友,积极地为《工人协会报》等刊物撰稿,参加了挪威社会主义者马尔库斯·特兰内所领导的工人运动,并和两位朋友合作,出版讽刺周刊《安德里马纳》。他还以"觉醒吧,斯堪的纳维亚人"为题,写了一组十四行诗,号召挪威和瑞典共同出兵支援丹麦,抗击普鲁士侵略者。他在第一部历史剧《卡提利那》(1850)中,一翻旧案,把罗马历史上的"叛徒"写成一个为维护公民自由而斗争的优秀人物,剧本既反映了1848年的革命,也表现了他个人的反抗精神。这个剧本由他的一位朋友集资出版。1851年秋,他为卑尔根剧院创作了一首序曲,得到剧院创办人、著名小提琴手奥莱·布尔的赏识,被聘为寄宿剧作家,兼任编导,约定每年创作一部新剧本。

1852年,他奉派去丹麦和德国各地剧院参观。这期间易卜生参加编导的剧本不少于145部。他在戏剧创作方面的实践经验,可以和莎士比亚、莫里哀相媲美。1857年,易卜生转到首都剧院担任编导。翌年和苏姗娜·托雷森结婚。1862年,剧院破产,他不得不借债度日,但仍孜孜不倦地进行创作。他在这所剧院先后写出了《海尔格兰的海盗》

（1858）、《爱的喜剧》（1862）、《觊觎王位的人》（1863）等剧本。提倡自由恋爱、反对旧式婚姻的《爱的喜剧》，遭到社会上保守势力的恶毒攻击，他为此感到痛心。同时，1864年丹麦和普鲁士之间的战争，引起他对整个半岛的独立前途的忧虑，于是他决定出国远行。就在这一年，他离开挪威到意大利；漂泊异乡，疟疾缠身，又有家室之累，使他债台高筑，生活极为窘迫。他怀着绝望的心情写了一部诗剧《布兰德》（1866），这是他旅居国外的第一部创作成果。以后又写了《彼尔·英特》（旧译《彼尔·京特》，1867）。这两部剧本都表现了"个人精神反叛"的主题。通过《布兰德》，他谴责资本主义社会的丑恶现实，痛斥宗教道德，并提出了他自己的道德理想，愤激地鼓吹精神上的极端个人主义，表现出不妥协的精神："或者得到一切或者一无所有。"1864年以后的二十七年间，易卜生一直侨居在罗马、德累斯顿、慕尼黑等地。1873年，他写了《皇帝与加利利人》，在剧中提出了沟通情绪和精神的"第三境界"的概念。1874年和1885年，他曾两度回挪威做短暂的逗留。

二、《玩偶之家》

（一）基本简介

三幕话剧《玩偶之家》是易卜生的代表作，主要写主人公娜拉从爱护丈夫、信赖丈夫到与丈夫决裂，最后离家出走，摆脱玩偶地位的自我觉醒过程。《玩偶之家》曾被比作妇女解放运动的宣言书。在这个宣言书里，娜拉终于觉悟到自己在家庭中的玩偶地位，并向丈夫严正地宣称"首先我是一个人，跟你一样的人，至少我要学做一个人"，以此作为对以男权为中心的社会传统观念的反叛。

剧本结构紧凑，情节集中。全剧采用追溯的手法，通过债主的要挟，海尔茂收到揭发信，交代剧情发展的关键事件娜拉伪造签名，然后集中刻画他们冲突、决裂的过程。

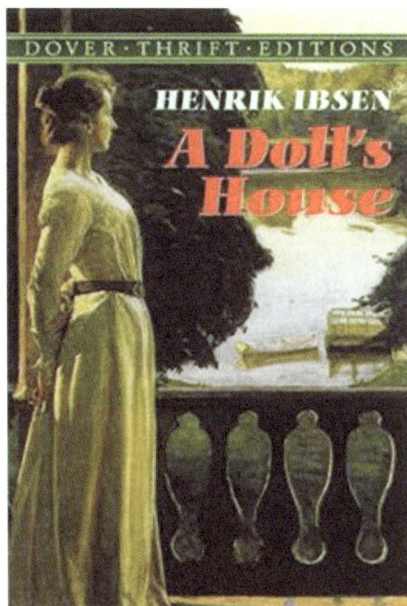

《玩偶之家》英文版图书

（二）主要情节

海尔茂律师刚谋到银行经理一职，正欲大展宏图。他的妻子娜拉请他帮助老同学林丹太太找份工作，于是海尔茂解雇了手下的小职员柯洛克斯泰，准备让林丹太太接替空出的位置。娜拉前些年为给丈夫治病而借债，无意中犯了伪造字据罪，柯洛克斯泰拿着字据要挟娜拉。海尔茂看了柯洛克斯泰的揭发信后勃然大怒。待柯洛克斯泰被林丹太太说动，退回字据时，海尔茂快活地叫道："娜拉，我没事了，我饶恕你了。"但娜拉却不饶恕他,因为她已看清,丈夫关心的只是他的地位和名誉,所谓的爱、关心,只是拿她当玩偶罢了。于是她断然出走了。

三、《人民公敌》

故事发生在挪威一个沿海小镇,主人公斯多克芒医生和担任市长的哥哥共同负责在小镇发展温泉浴场的计划。小镇投资了一笔为数甚大的资金支持发展,而众人亦预计具医疗价值的温泉浴场可以带来旅客,而且会令小镇大大兴旺,故浴场对小镇声誉非常重要。然而,当温泉浴场开始渐露曙光时,斯多克芒医生发现市内的制革厂污染温泉的水源,而且导致旅客患上严重的疾病。他认为这个重要发现是自己最大的成就,立即将一份详细的报告发送给市长;报告里包括一份解决问题的建议书,但建议会令小镇付出巨大的代价。

斯多克芒却没想到向官方反映问题的困难之大,他们好像不能理解问题的严重程度,而且因为事件会破坏小镇的经济,所以他们亦不愿意向公众公布事件和解决问题。随着冲突接踵而来,市长警告他的弟弟应该服从大部分人的想法。斯多克芒拒绝,并举行市民大会以说服市民支持关闭温泉浴场。

相信浴场会带来财富的市民拒绝接受斯多克芒的说法,甚至之前支持他的朋友和盟友,亦转而反对斯多克芒。他被市民奚落和指责,甚至被人斥责为疯子,以民主表决的方式,宣布他为人民公敌。斯多克芒分别对维多利亚时代公众的见解和民主的原则两者做出严厉指责,他表示在对与错之间,个人比容易被煽动的大众更有判断力。斯多克芒说过:"世上最强的人,就是那个最孤立的人。"

我交流,我思考——根据小组交流结果,写下你的心得。

我总结——结合每组的表现,对易卜生戏剧的特色进行总结。

我拓展——结合课前预习,写下你知道的其他内容。

第十四课　果戈理及其作品

我准备

我感受——通过网络,对果戈理和他的作品有大概的了解。

我了解——对果戈理的生平和他的戏剧风格有所了解,对两部代表作《死魂灵》和《钦差大臣》有进一步的认识。

我思考——思考几个问题,为你的学习做好准备。

问题域	问题内容	问题回答
戏剧	果戈理是什么时代的戏剧家呢?	
戏剧	果戈理的戏剧有什么特点?	
戏剧	《死魂灵》和《钦差大臣》两部戏剧的情节、特点是什么呢?	

我探索

我设问——果戈理的作品特色是什么?

我感受——小组表演,感受两部作品。

我思考——两部作品的特点是什么? 反映出时代的什么特色?

1. _____   2. _____
3. _____   4. _____
5. _____   6. _____

我尝试,我交流——小组之间互相交流,分享不同的收获。

我阅读——果戈理及其作品

一、果戈理的生平及其戏剧特点

1809年,果戈理出生于乌克兰波尔塔瓦省密尔格拉德县大索罗庆采村,从小喜爱乌克兰的民谣、传说和民间戏剧。他于1821—1828年在波尔塔瓦省涅仁高级科学中学就读期间已经博览群书,并积极参加学校的文艺活动,曾扮演过冯维辛的讽刺喜剧《纨绔少年》中的主角以及其他角色,而且演得很成功(他后来写的也是讽刺喜剧)。他在这所中学受到了十二月党人中的一些诗人、普希金的诗歌的影响,还受到了法国启蒙作家著作的深刻影响。这一切为他后来的创作打下了基础。

果戈理

1828年,果戈理中学毕业,前往彼得堡,想在司法界谋得一官半职,他身上还带着写成了的田园诗《汉斯·丘赫尔加坚》(长诗)的手稿,这是他的处女作。

1829年,他发表了《汉斯·丘赫尔加坚》这一长诗,用的是真名。这首长诗使他登上了俄国文坛,但并没有获得太多的关注。他很快意识到诗歌创作并非他的强项,于是转向了小说和喜剧。1830年,他以"果戈理"为笔名发表了小说《圣约翰节前夜》,这部小说得到了诗人瓦西里·茹科夫斯基的赞赏,并与之成了莫逆之交。

1831年9月,他的短篇小说《狄康卡近乡夜话》发表。同时出版了以这篇作品的题目命名的短篇小说集,受到了普希金和别林斯基的好评,他们称俄国文学已进入果戈理时期。这一年,他遇到了普希金。

之后普希金成为他的朋友并给他提供了许多创作素材。1834年,他进入圣彼得堡大学,当副教授,教授历史,伊万·屠格涅夫就是他的学生之一。

1835年春季,果戈理出版了喜剧剧本《三等弗拉基米尔勋章》和《婚事》,并开始迷恋喜剧创作。《婚事》是他早期喜剧的代表作,宣扬了婚恋自由。同年,他出版了两部短篇小说集《彼得堡故事》和《密尔格拉得》。《彼得堡故事》中由《涅瓦大街》《鼻子》《肖像》《外套》《狂人日记》《马车》《罗马》构成。《密尔格拉得》里面有《旧式地主》《塔拉斯·布尔巴》《两个伊凡吵架的故事》等中短篇小说。同年,他根据普希金启发而来的素材,开始构思长篇小说《死魂灵》，并从圣彼得堡大学离职，专事创作。1836年，果戈理根据普希金提供的一则荒诞见闻，在两个月内创作出了五幕喜剧《钦差大臣》。创作期间，他对戏剧的社会使命有了越来越明确、越来越深刻的认识。同年，他的《钦差大臣》出版了单行本，出版的同时，这部喜剧进行了公演，由米哈伊尔·谢苗诺维奇·谢普金主演。《钦差大臣》引起了纷纷议论。大多数观众在观看期间都笑了，因为这不再是专为逗乐而写的滑稽剧，甚至尼古拉一世在观看期间也笑了，而且"笑得要死"。但《钦差大臣》也引起了许多御用文人的攻讦。《钦差大臣》的出版与公演很快引起了俄国当局的不满。

1836年6月，果戈理离开俄国，出国游历，开始了长达6年的侨居生活。最开始的一年，他来到了罗马。1837年1月29日，他的好友普希金死于阴谋。此后果戈理在意大利和德国生活了近5年时间，在此期间他写成了《死魂灵》的大部分内容。

1841年9月，果戈理携带《死魂灵》的手稿回到俄国。当他把改定后的手稿送到莫斯科书刊审查机构审查时，当即被否决。于是他托别林斯基走后门关系，使这本书在彼得堡通过了审查。

1842年，他对《钦差大臣》进行了增补，使它的讽刺力量得到了增强。也是这一年，《死魂灵》的第一卷出版，引起了比《钦差大臣》更大的轰动。

接下来的几年，果戈理都是在争论、疾病和贫困中度过的，他逐渐丧失了创作激情。1845年6月，他将已经出版的第一部《死魂灵》书稿烧毁，继续重写。

1847年，果戈理开始沉迷于东正教，同时患有深度忧郁症。他发表和出版了《与友人书信选》，里面主要是与达官、贵妇的书信来往。

1848年，果戈理前往耶路撒冷朝圣。回来后，神甫马修斯·康斯坦丁诺夫斯基认为他的作品在上帝的眼中是一种罪恶，要求他烧掉《死魂灵》的第二卷的手稿。

1852年2月，他预感自己不久于人世，就向朋友托尔斯泰伯爵交代了后事，并让他把手稿拿走，等他死后交给费拉列特大主教，但托尔斯泰伯爵并没有拿走他的手稿。2月24日，他烧掉了将近完成的《死魂灵》的第二卷的手稿，并拒绝进食，于1852年3月4日在莫斯科辞世。人们看见的第二卷，是他的出版商舍维廖夫根据他的遗稿整理出来的。

二、《死魂灵》

（一）故事梗概

小说描写一个投机钻营的骗子（吝啬鬼）——假装成六等文官的乞乞科夫买卖死魂灵（俄国的地主们将他们的农奴叫作魂灵）的故事。乞乞科夫来到某市先用一个多星期的时间打通了上至省长下至建筑技师的大小官员的关系，而后去市郊向地主们收买已经死去但尚未注销户口的农奴，准备把他们当作活的农奴抵押给监管委员会，骗取大笔押金。他走访了一个又一个地主,经过激烈的讨价还价,买到一大批死魂灵,当他高高兴兴地凭着早已打通的关系迅速办好了法定的买卖手续后,其罪恶勾当被人揭穿,检察官竟被谣传吓死,乞乞科夫只好匆忙逃走。

（二）人物介绍

1. 乞乞科夫。

乞乞科夫是唯一从俄罗斯生活的总的画面单独分离出来的、小说中唯一有传记的人物。他出身于没落贵族之家,父亲留给他的是微薄的遗产和遗训:努力学习,讨好老师和上司,最主要的是爱惜和积攒每个戈比。乞乞科夫很快就明白了,所有高尚的观点只会妨碍自己目标的实现。他用自己的力量,不靠任何人的庇护往上爬。

2. 玛尼洛夫。

在果戈理的笔下,首先出现的是玛尼洛夫,与后来出现的地主相比,他的相貌倒还招人喜欢,一副甜腻腻的样子,在对人的态度上,表现出毕恭毕敬的姿态。至少他认为自己还是有十分高雅的道德品质的。但如果进一步地接触,就会发现他是多么的庸俗和无知。他参与一些文化活动,只不过是为了装腔作势和附庸风雅而已。他是五人之中唯一关心法律、关心国家和俄罗斯利益的人,尽管他对重要问题有极其愚蠢的言论,往往使人发笑。

3. 科罗博奇卡。

跟着玛尼洛夫出现的是女地主科罗博奇卡,与玛尼洛夫相比,她枯燥、单调并缺乏精神的生活自然而然地就显露出来了。她缺乏高等文化修养,却有着非常幼稚可笑的朴素。她过着与世隔绝的生活,作为一个地主,她有发财的念头,力求从一切事物中获得利益。她不谙世事,态度冷漠、庸俗、呆板、固执、愚蠢。当乞乞科夫向她买死魂灵时,她却向乞乞科夫推荐她的蜂蜜,当乞乞科夫与她商量价格时,她竟异想天开地想等别的买主来买,比一比价钱再做决定。在这里,果戈理深刻地揭露出她贪婪而又愚蠢的自私心理。

4. 罗士特来夫。

罗士特来夫是地主阶级中的新人物,不但会捞钱,而且很会用钱,他不压抑自己,随心所欲,过着放荡的生活。他好动、狂热,喜欢冒险,为了寻求欢乐,他是不惜一切代价的。与玛尼洛夫和科罗博奇卡相比,他更懂得寻欢作乐,他在以剥削农奴作为生活来源这一点上与他俩是一致的,不同的是玛尼洛夫和科罗博奇卡过的是规矩的生活,罗士特来夫过的是放荡的生活。

5. 梭巴开维文。

梭巴开维文,他的模样、他的为人就像他的名字一样,是个熊。他把充实口腹当作他的头等要事,他的生活信条就是吃,吃个饱,直到心满意足。除此之外,他对世界上发生的事情一概不理,他不考虑任何高尚的精神需要,对一切带有文化和文明头衔的东西都抱敌视的态度,他的生存目的就是为了吃,为了攫取财富。

6. 泼留希金。

最后出场的是泼留希金,他的名字已成了贪婪和吝啬的代名词。他除了过着的寄生生活与其他地主一样外,其余就毫无共同之处了。他的贪婪是可怕的,他的吝啬是难以置信的。他的贪得无厌和吝啬摧毁了他与一切人的联系。他没有生活热情,人情已完全丧失殆尽,剩下的只是一副没有灵魂的躯壳。

三、《钦差大臣》

(一)故事梗概

故事发生在俄国的某个小城市。这个城市在粗鲁而贪污的市长和一群本身是歹徒而实际是笨蛋的官吏主宰下,变得腐败不堪。当这群贪官污吏风闻首都已派出微服私巡的钦差大臣时,每个人都慌乱得不知如何是好。正当此时,突然听到有一个叫赫列斯达可夫的人正投宿于城内唯一的旅馆里,于是,他们就误认这个外形不凡,实际上因赌博、游荡而辞官返乡,途经此地的赫列斯达可夫为钦差大臣了。市长大人立刻在家里开了一个盛大的欢迎会,且不断贿赂这个年轻人。在市长等人的百般奉承之下,青年的心里升起一个邪恶的念头,因此便向市长的女儿求婚。而市长则以为只要和他攀上了关系,就能打开在首都升官发财的门路,所以,欣然允诺了。然而,这名青年却因担心骗局被揭穿而匆忙逃走。当市长官邸里正处于热闹的高潮时,邮局局长手捧一封信走进来。那封信是青年写给彼得堡的朋友的,他在信里大肆嘲笑那些把自己误认为是钦差大臣的笨蛋,并为每一个官吏取了一个令人难堪的绰号。当市长与官吏们正为这件事而哑然失色时,真正的钦差大臣来临了。帷幕就在大家呆若木鸡的情况中落下了。

(二)人物介绍

1. 赫列斯达可夫。

赫列斯达可夫是剧中的主人公,一名彼得堡十二品小文官,他游手好闲,好赌成性,流落到一个边远的小城市,输光了身上所有的盘缠,因拖欠房租、餐费被困在旅馆。他饥肠辘辘,想出外走走来缓解饥饿的痛苦。当旅馆老板施舍菜汤的时候,他却以不吃来表示抗议。他怯懦可怜,却又是多么的骄横任性啊,是社会贵族阶层纨绔子弟生活颓败、死要面子的缩影。

2. 市长。

市长也是剧中的主要人物,起到贯穿全剧的作用。他聪明机灵、自私自利、愚昧荒唐。

当他收到密探传来钦差大臣私访的消息时,他立刻命令官员们采取紧急应对措施:要求福利院的督察为病人做一些干净的帽子,在病床床头挂上一些用拉丁文写的标牌;要求法官把法院前厅中的鹅赶走并取走在审判大厅中晾晒的旧衣服;面对突如其来的危难,他能镇定有条不紊地分配工作,他的领导能力是毋庸置疑的。深一层来思考,我们就不难明白为什么他平时工作作风懒散,却还能稳保市长宝座。这充分体现了他狡猾过人的特性。

3. 邮政局局长。

邮政局局长也是剧中比较重要的人物之一,他好奇心强却又胆小怕事。邮政局局长截住一封赫列斯达可夫寄出的信,带到市长面前时,激起了市长要逮捕邮政局局长的冲突。当邮政局局长说出了钦差大臣是假的,市长大发雷霆地责骂他的时候,他的心情是极度紧张的。他不仅仅在被市长责骂时慌张,而且在从截住到拆开信的过程中也是经过了一番痛苦的思想斗争的。"我自己也不知道,一种超自然的力量推动着我。迷迷糊糊的全看不见啦。"从这一段的台词中可看出邮政局局长的好奇心极强而又胆小的特点,虽然他明知道这种行为是不合法的,但是他不能战胜好奇心,还是偷拆了信件。邮政局局长的这种偷偷摸摸的行为,是当时俄国外省小官吏们共同的特点。他们利用自己拥有的权力来做一些超越法律的事情,但是又害怕被发现。

我交流,我思考——根据小组交流结果,写下你的心得。

我总结——结合每组的表现,对果戈理戏剧的特色进行总结。

我拓展——结合课前预习所得,写下你知道的其他内容。

第十五课　王尔德及其作品

我准备

我感受——通过网络,对王尔德和他的作品有大概的了解。

我了解——对王尔德的生平和他的戏剧风格有所了解,对两部代表作《快乐王子》和《道林·格雷的画像》有进一步的认识。

我思考——思考几个问题,为你的学习做好准备。

问题域	问题内容	问题回答
戏剧	王尔德是什么时代的戏剧家呢?	
戏剧	王尔德的戏剧有什么特点?	
戏剧	《快乐王子》和《道林·格雷的画像》两部戏剧的情节、特点是什么呢?	

我探索

我设问——王尔德的作品特色是什么?

我感受——小组表演,感受两部作品。

我思考——两部作品的特点是什么? 反映出时代的什么特色?

1. _____ 2. _____
3. _____ 4. _____
5. _____ 6. _____

我尝试,我交流——小组之间互相交流,分享不同的收获。

我阅读——王尔德及其作品

一、王尔德的生平及其作品创作的特点

奥斯卡·王尔德(1854—1900),出生于爱尔兰都柏林,19世纪英国(准确来讲是爱尔兰,但是当时由英国统治)最伟大的作家与艺术家之一,以其剧作、诗歌、童话和小说闻名,唯美主义的代表人物,19世纪80年代美学运动的主力和90年代颓废派运动的先驱。

王尔德

他的父亲威廉·王尔德是当地著名眼耳科医生,另在历史文化研究上也取得过建树。母亲为诗人和翻译家,经常主持伦敦诗歌戏剧沙龙。

王尔德早年在都柏林三一学院研习古典名著,因希腊文成绩优秀获得伯克利金质奖章,后获得奖学金前往牛津大学马格达兰学院就读,并因诗作《拉凡纳》获得纽迪盖特奖,1878年以优等考试成绩从牛津毕业。

在牛津和伦敦,王尔德衣着考究甚至出格,举止得体,极力张扬唯美主义,"为艺术而艺术",声明艺术应当远离当代社会和日常生活。王尔德很快进入英国上流社交圈,在1880年,他和画家弗兰克·迈尔斯从索尔兹伯里街13号的泰晤士堂搬到泰特街的一处豪宅,取名为济慈堂,社交名流云集其中,王尔德声望日隆。泰特街上除了济慈堂,还住着英国唯美主义运动的中坚人物——画家詹姆斯·惠斯勒(1834—1903)。

1864年,王尔德就读于恩尼斯其林的普托拉皇家学校,在男孩间并不特别受欢迎。在校期间,他钟情于花朵、落日与希腊文学。虽然经常被老师斥为怠惰,但他在该校最后一年仍获得代表古典文学成绩最佳荣誉的普托拉金质奖章。

1887年,王尔德成为一家名叫《妇女世界》的妇女杂志的执行总编辑,在杂志上发表了他的一些小说、评论和诗。王尔德的作品以其辞藻华美、立意新颖和观点鲜明闻名。1888年5月,出版《快乐王子及其他故事》。1890年6月20日,在报纸上连载长篇小说《道林·格雷的画像》,奠定颓废艺术家的地位。真正为王尔德赢得名誉的是他的戏剧作品。可以说他的每一部戏剧作品都受到热烈的欢迎,有一个时期,伦敦的舞台上竟同时上演着他的三部作品。他的这些佳剧被称为自谢里丹的《造谣学校》以来最优秀的喜剧作品。

1891年王尔德结识了年轻的阿尔弗雷德·道格拉斯勋爵,两人开始了难以言明的恋

情。1895年2月28日,王尔德收到道格拉斯的父亲昆斯伯里侯爵的信件,信里写道:"致奥斯卡·王尔德,装模作样的男好色者。"王尔德以诽谤罪控告昆斯伯里,4月初,昆斯伯里无罪释放,王尔德因有伤风化行为被捕,并被判两年有期徒刑。1897年5月刑期结束,王尔德化名"塞巴斯蒂安·梅尔莫斯"移居法国,继续从事写作。

1900年11月30日,王尔德因脑膜炎在巴黎阿尔萨斯旅馆病逝,罗伯特·罗斯在王尔德弥留之际请了天主教神父为他施洗。王尔德葬于法国拉雪兹神甫国家公墓。

20世纪末,在遭到毁誉近一个世纪以后,英国终于给了王尔德树立雕像的荣誉。1998年11月30日,由麦姬·汉姆林雕塑的王尔德雕像在伦敦特拉法尔加广场附近的阿德莱德街揭幕。雕像标题为《与奥斯卡·王尔德的对话》,同时刻有王尔德常被引用的语录:"我们都在阴沟里,但仍有人仰望星空。"(We are all in the gutter, but some of us are looking at the stars.)

二、《快乐王子》

(一)基本简介

故事讲述了生前不知忧愁为何物的快乐王子死后目睹种种人世间的苦难,和燕子牺牲自我帮助他人的故事。

《快乐王子》勾勒的城市是维多利亚时期英国社会的缩影,王尔德把在真实社会中发生的种种丑恶现象融入故事中,对当时冷酷的社会进行了无情的鞭挞和揭露,对于富有同情心的快乐王子与燕子对社会底层人的慈善救济活动的最终失败寄予了深切的同情,同时通过故事本身暗示了作者的理想社会制度倾向,也从根本上质疑了当时社会的道德原则。

(二)主要情节

在一座城市,快乐王子的雕像矗立在上面。一只小燕子因掉队而不得不在这个城市留宿,王子的眼泪和善良打动了他,小燕子第一次选择留下。小燕子同样充满着爱心,送去红宝石后用翅膀为生病的小男孩减轻痛苦。

第二天,燕子准备再次启程,在王子的哀求下,不得不哭着将王子的眼睛送给那个年轻人,第二次选择留下。天气的日益寒冷和伙伴的召唤让他再次向王子告别,可王子却取下自己仅有的一只眼睛送给卖火柴的小女孩,小燕子第三次选择留下。这也是最后一次,因为他决定永远陪伴着王子。每一次去与留的抉择,都让小燕子一步一步地迫近死亡。前两次的选择是犹豫的。远方伙伴的呼唤和埃及温暖天气的召唤督促着燕子前行的脚步,可王子的善良和哀求却深深触动了他的心。

第三次面对双目失明的王子。燕子毅然决然地主动选择留下,以生命为代价。当快乐王子看到小燕子死在自己的脚下,他的铅心瞬间裂成两半。失去了任何装饰的快乐王子被市民们视为丑陋不堪,随即工人们将快乐王子放在炉子里熔化,更将铅块扔在垃圾堆上。

当春天来临,天使来到这个城市带走了最美的两样东西——铅心和燕子的尸体,上帝让他们复活,在天堂里面永生。

三、《道林·格雷的画像》

《道林·格雷的画像》是英国戏剧家、小说家奥斯卡·王尔德创作的长篇小说,也是其唯一的长篇小说作品。小说发表于1891年,小说创作的契机缘于王尔德有一天拜访了一位著名老画家,画家的男模特长得很年轻漂亮,于是王尔德忍不住感叹:"可惜了,这样美丽的生物,还是有衰老的一天。"画家答道:"是啊,如果能让画中的他代替他老去就好了。"后来王尔德便创作了小说《道林·格雷的画像》。

该作品讲述道林·格雷是一个长在伦敦的贵族少年,相貌极其俊美,并且心地善良。道林见了画家霍尔沃德为他作的画像,发现了自己惊人的美,在画家朋友亨利勋爵的蛊惑下,他向画像许下心愿:美少年永葆青春,所有岁月的沧桑和少年的罪恶都由画像承担。道林刚开始时不以为然,但当他玩弄一个女演员的感情致使她自杀之后,发现画像中的道林发生了邪恶的变化。恐惧的道林没有克制,反而更加放纵自己的欲望。道林美貌依旧,画像却一日日变得丑陋不堪。十八年后,基于对画家作品的憎恶以及对自己丑陋灵魂的厌恶,道林谋杀了画家霍尔沃德。之后,那个女演员的弟弟前来寻仇,被道林巧言欺骗,最终死于非命。正是女演员弟弟的死亡唤醒了道林的良知,他举刀向丑陋的画像刺去,结果自己离奇死亡。他的面容变得丑恶苍老,而画像却年轻如初。

《道林·格雷的画像》是19世纪末唯美主义代表作,堪称"为艺术而艺术"思潮在戏剧、小说及绘画方面的三绝。

我交流,我思考——根据小组交流结果,写下你的心得。

我总结——结合每组的表现,对王尔德戏剧特色进行总结。

我拓展——结合课前预习所得,写下你知道的其他内容。

第四单元

中国经典话剧欣赏

第十六课　中国话剧百年第一戏《雷雨》

我准备

我感受——查阅作品《雷雨》。

我了解——通过网络了解有关话剧《雷雨》的资料，与周围的人交流一下。

我思考——思考几个问题，为你的学习做好准备。

(1)话剧《雷雨》讲的是一个什么故事？

(2)主要经历了哪几个阶段？

(3)你最喜欢哪个人物？而你记忆最深的片段又是什么？

《雷雨》(文本)	《雷雨》(演出)

我阅读——分幕了解剧情人物

一、第一幕

周家客厅,三年后,夏天的早晨。周萍与丫头四凤相爱。鲁贵向女儿四凤讲述三年前客厅"闹鬼"之事,四凤疑惑。蘩漪受周家两代人欺凌,心情十分抑郁。而周朴园却经常想起三十年前和他曾有私情并生有两子的丫头侍萍。恰巧,鲁妈(当年的侍萍,今嫁鲁贵)为找女儿四凤无意中来到周家。周朴园碰见侍萍惊愕异常。矿上罢工代表鲁大海为请愿之事,来到周家找矿主周朴园。周萍与鲁大海发生冲突,并打了鲁大海,鲁妈眼见兄弟相见,情如仇人,悲痛欲绝。

《雷雨》剧照

二、第二幕

鲁贵家,当天的傍晚。鲁贵父女被周家辞退,鲁贵借酒消愁,四凤仍在思念周萍。鲁妈不忍女儿走自己悲惨的老路,要四凤对天盟誓,与周家断绝往来。半夜,周萍翻窗来找四凤,四凤既痛苦又留恋。蘩漪跟踪其后,妒恨噬心,她暗把窗户拴上。鲁大海回家撞见周萍与妹妹四凤相会,周萍欲逃,但窗已拴死。愤怒的大海与周萍拼命,鲁妈拼命阻拦,周萍才夺门而逃,四凤随之冲出家门。

三、第三幕

晚上,电闪雷鸣,风雨交加。周冲奉母命来给侍萍送100元钱。四凤拒绝接收,鲁贵却厚着脸收下了,鲁大海知道此事,带着鲁贵把钱退还给周冲,并把周冲赶出门。周萍也冒雨来到鲁家,从窗子跳进四凤的房间,跟踪而来的蘩漪把窗子关死,进屋拿东西的大海发现了周萍,四凤羞愧地夺路而逃。

四、第四幕

　　侍萍和鲁大海来到周公馆找四凤,侍萍要带四凤回家,四凤不得已向侍萍说出真相,她已经怀了周萍的孩子,侍萍如晴天霹雳,因为她知道四凤与周萍是同母异父的兄妹。在四凤的苦苦哀求下她答应让周萍带四凤走,永远不要再见到他们。繁漪带周冲来阻止周萍带四凤走,周朴园也闻声而至,他以为侍萍前来认儿子,让周萍跪下认自己的生母。严酷的现实让四凤无法承受,她冲向花园,碰到漏电的电线而死,周冲去救她也触电身亡。周萍开枪自杀了,善良的鲁妈痴呆了,阴鸷的繁漪疯狂了,倔强的鲁大海出走了。

我交流,我思考——人物分析

	一幕	二幕	三幕	四幕
人物				
人物神情变化				
你对人物的了解				

我总结——

1. 人物关系。
2. 《雷雨》的艺术特色。

《雷雨》人物关系图

布局结构	人物形象	全剧基调	语言特色	创作手法
人文情怀				

我拓展——

演一演《雷雨》,谈一谈感受。

1. 选取的片段。

2. 演员分配。

人物				
扮演者				

3. 剧情顺序(基本台词)。

4. 感受。

表演前	表演后

第十七课　东方舞台上的奇迹《茶馆》

我准备

我感受——查阅老舍作品《茶馆》。

我了解——通过网络了解有关话剧《茶馆》的资料,与周围的人交流一下。

我思考——思考几个问题,为你的学习做好准备。

(1)老舍的《茶馆》讲的是一个什么故事?

(2)茶馆在经营中主要经历了哪几个阶段?

(3)《茶馆》中的人物你最喜欢哪个? 而你记忆最深的片段又是什么?

《茶馆》(文本)	《茶馆》(演出)

我阅读——分幕了解剧情人物

一、第一幕

1898年,戊戌变法失败。一个初秋的上午,裕泰茶馆开始营业,掌柜王利发兴致勃勃地坐在柜台上。三三两两的旗人,遛够了鸟儿,走进茶馆来歇腿、喝茶。有两个茶客唱着京戏,另外几个围着桌子观赏瓦罐中的蟋蟀。茶馆中到处贴着"莫谈国事"的纸条。可是常四爷偏要谈谈国事。他痛恨洋人,痛恨那些吃洋饭、讲洋话的人,也看不起在营里当差的二德子之流。他因一句"大清国要完",被两个特务吴恩子和宋祥子抓去,送进了监狱。相面骗人的唐铁嘴来讨碗茶喝,说媒拉纤的刘麻子也来了,要把康六的十五岁女儿康顺子卖给七十多岁的庞太监当老婆。主张实业救国的秦仲义走进来,说什么要办工厂,搞维新。

二、第二幕

《茶馆》剧照

民国初年军阀混战时期。这时裕泰茶馆渐趋衰落,茶馆主人王利发积极迎合潮流实行改良,却仍然难以维持下去。主要上场人物:王利发、常四爷、王淑芬、刘麻子、唐铁嘴、松二爷、宋恩子、吴祥子、李三、康顺子等。小茶馆展现出一幅兵荒马乱、日益衰败的社会画面:常四爷出狱;康顺子母子逃出宫;拉皮条的刘麻子被稀里糊涂砍了头;两个逃兵想合娶一个老婆;茶馆生意清淡,面积缩小,苦心经营,试图改良,改良后还未开张就厄运临头,特务、巡警、兵痞接二连三来敲诈勒索,宋恩子、吴祥子摇身一变又成了军阀的走狗。

三、第三幕

抗日战争胜利,国民党特务和美国兵在北京横行。这时的裕泰茶馆更加破败,只有"莫谈国事"的纸条写得更多,字也写得更大。康妈妈正在商量去西山找康大力,由小刘麻子介绍来当女招待的小丁宝,也走进茶馆与老掌柜攀谈。小刘麻子向小唐铁嘴炫耀着他那一套拐骗妇女的缺德计划,国民党党部雇用的打手小二德子跑到茶馆来抓人,庞四奶奶则来恐吓王利发,让他交出康顺子。包办满汉全席的有名厨师被迫到监狱去蒸窝窝头,出名的评书艺人一次挣不上三个杂和面儿饼子钱,常四爷的生活更加艰苦,秦仲义的工厂被抢走,王利发的茶馆也将被人霸占。这时,常四爷、秦仲义相继来到茶馆,找阔别多年的老掌柜谈心。他们互诉不幸,含着眼泪为自己撒起了纸钱。这时,茶馆里的灯光渐渐暗下去了,而大街上的阳光却渐渐明亮起来。

我交流,我思考——

1. 人物分析。

	一幕	二幕	三幕
人物			
人物神情变化			
你对人物的了解			

2.《茶馆》的艺术特色、人文情怀。

布局结构	人物形象	全剧基调	语言特色	创作手法
人文情怀				

我拓展——演一演《茶馆》,谈一谈感受。

1. 选取的片段。

2. 演员分配。

人物				
扮演者				

3. 剧情顺序（基本台词）。

4. 感受。

表演前	表演后

第十八课 历史剧集大成者《屈原》

我准备

我感受——查阅郭沫若作品《屈原》。

我了解——通过网络了解有关话剧《屈原》的资料,与周围的人交流一下。

我思考——思考几个问题,为你的学习做好准备。

(1)郭沫若的《屈原》讲的是一个什么故事?

(2)屈原的人生经历了哪几个阶段?

(3)《屈原》中的人物你最喜欢哪个? 而你记忆最深的片段又是什么?

《屈原》文本	《屈原》(演出)

我阅读——分幕了解剧情人物

一、第一幕

屈　原:(徐徐地放声朗诵。读时两手须一舒一卷)

　　　　辉煌的橘树呵,枝叶纷披。

　　　　生长在这南方,独立不移。

　　　　绿的叶,白的花,尖锐的刺。

　　　　多么可爱呵,圆满的果子!

　　　　由青而黄,色彩多么美丽!

　　　　内容洁白,芬芳无可比拟。

植根深固,不怕冰雪雾霏。

赋性坚贞,类似仁人志士。

(此时宋玉抱一小黄犬由外园门入,年二十左右,着短衣,头上挽两卷鬓。见屈原,即奔至其前)

宋　玉:(立阶下)先生,你出来了。

屈　原:啊,我正在找你。你到什么地方去了?

宋　玉:我把园子打扫了之后,便抱着阿金到外边去跑了一趟回来。

屈　原:那很好,你们年轻人有起早的习惯,更能够时时把筋骨勤劳一下,是很好的事。

(徐徐将两半橘子合而为一,一手握橘,一手执书,起立)

我为你写了一首诗啦,我们到亭子上去坐坐吧。

(步入亭中,就琴桌而坐,随手将橘置于桌上)

(宋玉随上,立于左侧)

屈　原:你把阿金放下,念念我这首新诗。(将书卷授宋玉)

(宋玉将黄犬放下,任其自由动作。屈原开始抚琴)

宋　玉:(展开书卷前半,默念一次,举首)先生,你是在赞美橘子啦。

屈　原:是的,前半是那样,后半可就不同了,你再读下去看。

宋　玉:(继续展读,发出声来)

呵,年轻的人,你与众不同。

你志趣坚定,竟与橘树同风。

你心胸开阔,气度那么从容!

你不随波逐流,也不故步自封。

你谨慎存心,决不胡思乱想。

你至诚一片,期与日月同光。

我愿和你永做个忘年的朋友。

不挠不屈,为真理斗到尽头!

你年纪虽小,可以为世楷模。

足比古代的伯夷,永垂万古!

(读罢有些惶恐,复十分喜悦)先生,你这真是为我写的吗?

屈　原:是,是为你写的。(以下在对话中,仍不断抚琴,时断时续)

宋　玉:我怎么当得起呢?

屈　原:我希望你当得起。(以右手指园中橘树)你看那些橘子树吧,那真是多好的教训呀!它们一点也不骄矜,一点也不怯懦,一点也不懈怠,而且一点也不迁就。

(稍停)是的,它们喜欢太阳,它们不怕霜雪。它们那碧绿的叶子,就跟翡翠一样,太阳光愈强愈使它们高兴,霜雪愈猛烈,它们也丝毫不现些儿愁容。时候到了便开花,那花是多么的香,多么的洁白呀。时候到了便结实,它们的果实是多么的圆满,多么的富于色彩的变换呀。由青而黄,由黄而红,而它们的内部——你看却是这样的有条理,又纯粹而又清白呀。(随手将劈开了的橘子分示其内部)它们开了花,结了实,任随你什么人都可以欣赏,香味又是怎样的适口而甜蜜呀。有人欣赏,它们并不叫苦,没有人欣赏,它们也不埋怨,完全是一片的大公无私。但你要说它们是——万事随人意,丝毫也没有一点骨鲠之气吗?那你是错了。它们不是那样的。你先看它们的周身,那周身不都是有刺的吗?(又向橘树指示)它们是不容许你任意侵犯的。它们生长在这南方,也就爱这南方,你要迁移它们,不是很容易的事。这是一种多么独立难犯的精神!你看这是不是一种很好的榜样呢?

宋　玉:是。经先生这一说,我可感受了极深刻的教训。先生的意思是说,树木都能够这样,难道我们人就不能够吗?(思索一会儿)人是能够的。

屈　原:是,你是了解了我的意思,你是一位聪明的孩子。你年纪轻轻就晓得好学,也还专心,不怕就有好些糊涂的人要引诱你去跟着他们胡混,你也不大随波逐流,这是使我很高兴的事。(稍停)所以我希望你要能够像这橘子树一样,独立不倚,凛冽难犯。要虚心,不要做无益的贪求。要坚持,不要同乎流俗。要把你的志向拿定,而且要抱着一个光明磊落、大公无私的心怀。那你便不会有什么过失,而成为顶天立地的男子了。(再停)你能够这样,我愿意永远和你做一个忘年的朋友。你能够这样,不怕你年纪还轻,你也尽可以做一般人的师长了。(略停)不过也不要过分的矜持,总要耿直而通情理。但遇到大节临头的时候,你却要丝毫也不苟且,不迁就。你要学那位古时候的贤人,饿死在首阳山上的伯夷,就饿死也不要失节。我这些话你是明白的吧?

宋　玉:是,我很明白。我的志向就是一心一意要学先生,先生的学问文章我要学,先生的为人处世我也要学;不过先生的风度太高,我总是学不像呢。

屈　原:你不要把我做先生的看得太高,也不要把做学生的看得太低,这是很要紧的。我自己其实是很平凡的一个人,不过我想任何人生来都是一样的平凡吧?要想不平凡,那就要靠自己努力。(稍停)我们应该把自己的模范悬得高一些;最好是把历史上成功了的人作为自己的模范,尽力去追赶他,或者甚至存心去超过他。那样不断地努力,一定会有成就的。北方有一位学者颜渊,是孔仲尼的得意门生,我最近听到他的一句话,我觉得很有意思。他说:

"舜何？人也？余何？人也。有为者亦若是。"这真是很好的一个教条。我们谁都知道大舜皇帝是了不起的人，但他是什么呢？不是人吗？我们自己又是什么呢？不也是人吗？他能够做到那样了不起的地步，我们难道就做不到吗？做得到的，做得到的，凡事都在人为。雨水都还可以把石头滴穿，绳子都还可以把木头锯断呢！总要靠自己努力，靠自己不断地努力才行。

（婵娟抱水瓶入场，至亭下，挹水一尊，捧至琴台前献于屈原，俟屈原呷毕，复拾尊荷瓶而下）

宋　玉：先生的话我是要牢牢记着的。不过我时常感觉到，要学习古人，苦于不知道从什么地方下手。古人已经和我们隔得太远，他的声音笑貌已经不能够恢复转来，我们要学他，应该从什么地方学起呢？我时常在先生的身边，先生的声音笑貌我天天都在接近，但我存心学先生，学先生，却丝毫也学不像呢。

屈　原：（微笑）你要学我的声音笑貌做什么？专学人的声音笑貌，岂不是个猴子？（起立在亭中徘徊）学习古人是要学习古人的精神，是要学习那种不断努力的精神。始终要鞭策着自己，总要存心成为一个好人。（稍停）我们每一个人生来都是一样平凡的，而且在我们的身上还随带着很多不好的东西。譬如我们每一个人都爱争强斗狠，但是又爱贪懒好闲，在这儿便种下了堕落的种子。争强斗狠也并不就坏，认真说这倒是学好的动机。因为你要想比别人强，或者比最强的人更强，那你就应该拼命地努力，实际上做到比别人家更强的地步。要你的本领真正比人强，你才能够强得过别人，这是毫无问题的。

宋　玉：是，真是不成问题的。

屈　原：但是问题却在这儿出现了。能强过别人是很高兴的事，但努力却又是吃苦的事，因此便想来取巧，不是自己假充一个强者，虚张声势，便是更进一步去陷害别人，陷害比自己更强的人。这就是虚伪，这就是罪恶，这就是堕落！（声音一度提高之后，再放低下来）人的贪懒好闲的这种根性，便是自己随身带来的堕落的陷阱！我们先要尽量地把这种根性除掉，天天拔除它，时时拔除它，毫不容情地拔除它。能够这样，你的学问自然会进步，你的本领自然会强起来，你的四肢筋骨也自然会健康了。你说，你苦于无从下手，其实下手的地方就在你自己的身上。（稍停）当然我们也应该向别人学习，向我们身外的一切学习。我们生来是一无所有，不仅身子是赤条条，心子也是赤条条，随身带来的一点好东西，就是——能够学习。我们能够学习，就靠着能够学习，使我们身心两方逐渐地充实了起来。可以学习的东西，四处都是。譬如我们刚才讲到的那些橘子树，（向树林指示）不是我们很好的老师吗？

又譬如立在我面前的你，我也是时常把你当成老师的。

《屈原》剧照

二、第二幕

南　　后：你们倒还敏捷。我还怕你们来不及啦，现在算好，一切都停当了。

女史甲：启禀南后，那前面两房的帘幕，是不是就揭开来？

南　　后：不，那等开筵之后再行揭开。歌舞的人都已经准备停当了吧？

女史乙：都早已准备停当了，西边是准备唱歌的，东边是准备跳舞的。

南　　后：那很好，还要叫他们注意一下，不要耽误了时刻，不要弄乱了次序。

众女史：是，我们一定要严格地督率着他们。

南　　后：我看，你们应该把职守分一下才好。（指女史甲）你管堂上奏乐和行酒的事。（指女史乙）你管堂下歌舞的事。你们两个各自选几个得力的人做帮手。今天的事情假使办得很好，我一定要奖赏你们的。假使办得不好，那你们可晓得我的脾气！

众女史：（表示惶恐，但亦显得光耀）是，我们一定要尽我们的全力办理。

南　　后：要能够那样，就好。此外一些琐碎的事用不着我吩咐了，你们都是有经验的。总之要能够临机应变，一呼百诺，说要什么就有什么。在预定的节目内的，固然要准备，就是在预定的节目外的，也要有见机的准备。国王的脾气你们也是很清楚的！万一有什么差池，责任是要落在你们的头上。

众女史：是，我们知道。

南　　后：好的，那么你们可以下去了，假使上官大夫到了，赶紧把他引到这儿来，说我在等他。

众女史：（应命）是。（分别由左右阶下堂，再行鞠躬，复向左右首侧道下场）

（南后一人由阼阶下堂，在中溜中来回踯躅，若有所思。有间，女史甲引靳尚由左翼侧道上。靳尚是一位瘦削的中年人，鹰鼻鸹眼，两颊洼陷，行动颇敏捷）

女史甲：启禀南后，上官大夫到了。

三、第三幕

宋　玉：（背倚一株橘树，从怀中取出《橘颂》帛书放声诵读）

　　　　辉煌的橘树呵，枝叶纷披。

　　　　生长在这南方，独立不移。

　　　　绿的叶，白的花，尖锐的刺。

　　　　多么可爱呵，圆满的果子！

（读至此，闭目暗诵。诵至"独立不移"不能记忆，乃复张目视书，立即闭目暗诵，又将八句重诵一遍。然后再张目视书，继读下文）

　　　　由青而黄，色彩多么美丽！

　　　　内容洁白，芬芳无可比拟。

　　　　植根深固，不怕冰雪雾霏。

　　　　赋性坚贞，类似仁人志士。

（又闭目暗诵。至"内容洁白"复不能记忆，张目视书，复掉头暗诵。诵毕又从头诵起，虽途中略有停顿，但终于成诵。于是复继读下文）

　　　　呵，年轻的人，你与众不同。

　　　　你志趣坚定，竟与橘树同风。

　　　　你心胸开阔，气度那么从容！

　　　　你不随波逐流，也不故步自封。（读至此，复行闭目暗诵）

（此时公子子兰偷偷由后门入场，轻脚走至宋玉身边，宋玉未觉。子兰以手抓宋玉左股，学狗叫）

宋　玉：（大惊）啊，你骇了我一大跳。

子　兰：（捧腹而笑）呵，哈哈哈。

宋　玉：你怎么又跑来了，先生呢？

子　兰：先生在明堂内室和我妈在商量跳舞《九歌》的事啦。《九歌》的跳神我觉得是蛮好玩儿的，我实在是很想看，但妈不要我看。今天真奇怪，平常凡是有歌舞的时候，都是准我看的。独于今天连演习都不准我看，所以我就偷着空儿跑到这儿来啦。

宋　玉：你怕你妈吗？

子　兰：哼,不仅是我,连我爸爸都还怕她呢。我看宫廷里面的人恐怕没有一个不怕她。就是上官大夫虽然和她感情很好,也是害怕她的。他在妈的面前,凡事都只有唯唯听命而已。

宋　玉：我看,我们先生似乎不怕她。

子　兰：唉,不错,先生好像不怕她。看来,使人害怕的人,自己总是不怕人的。除我妈而外,先生也是使我害怕的一个。

宋　玉：不过先生是威而不猛,南后恐怕是猛而不威吧?

子　兰：吓,你公然有胆量,说我妈的坏话啦!

宋　玉：(拱手谢罪)我是说顺了口,有罪有罪。

子　兰：你在我面前说说倒没有什么,不过你倒要谨慎些,担心你的脖子呢。你在读什么?

宋　玉：(以《橘颂》示之)是先生今早作的一首诗。

子　兰：(略略看看即退还宋玉)唔,《橘颂》。为什么不写首《兰颂》呢?那样的时候,我就占便宜了。

宋　玉：先生的诗里面,有很多地方是咏到兰花上来的,我看你占的便宜已经不少了。

子　兰：那倒不错,先生是很喜欢兰花的,只可惜不大喜欢我这一个"兰"。他常常说我不肯用功,他挖苦我,说我会变成菁茅草,使我怪难为情的。我有时候倒很想改名字呢。

宋　玉：你不肯用功,倒也是实在情形。我看你也用不着用功吧,你是王孙公子,反正也是变不成菁茅草的。

子　兰：对喽,兰为王者之香,说不定我还要变成为楚国的国王呢。

宋　玉：可惜你哥哥在做太子,他现在还在秦国,还没有死!

子　兰：他不会早死,你能够断定吗?况且我爸爸喜欢我妈,我妈又喜欢我,只要我妈是高兴我做国王,你怕我做不成国王吗?

宋　玉：(戏以帛书卷为笏,向子兰敬礼)启禀国王,臣宋玉再拜稽首,对扬王休。

子　兰：(俨然受之)好!我将来假使做了国王的时候,我一定要封你为令尹啦。假使你不会做令尹,也要封你为左徒,就跟先生现在的官职一样,让你专门管文笔上的事情。

宋　玉：不错,这层我倒是很愿意的。文笔上的事情,我觉得很有把握。认真说,就是先生的文章,有好些我也不好佩服。就像他这篇《橘颂》,还不是一套老调子!而且有好些话说了又说,岂不是台上筑台,屋上架屋吗?先生的脾气总有些大刀阔斧的地方。他是名气大了,写出来的东西人家总说好,假使这

《橘颂》换来是我写的,人家一定要说是幼稚了。

子　兰:你的见解,我不能全部同意。这《橘颂》,我觉得在先生的诗里倒还要算雅致一些。他的好些诗,总爱把老百姓的话渗在里面,我就有点看不惯。上官大夫和令尹子椒们也不恭维他,说他太粗糙,太鄙俚了。你假如做了我的左徒,那你可不能过于放肆。(心机转变)哦,婵娟呢?怎么不见人呢?

宋　玉:她在前面用功啦,你来是特地找她的吧?

子　兰:假使是那样,又会使得你不高兴,是不是?

宋　玉:我有什么不高兴啦?你不要任意忖度人。你以为我喜欢那种没斤两的吗?哼,我和你的派数不同。你们做王孙公子的人,专爱讨便宜,想尝尝小家碧玉的味道。我们出身寒微的人,老实说是想高攀一下的啦。愈难得到手的东西,才叫愈好吃。

子　兰:唉,你还有这一套见解!那么你是不喜欢婵娟了。

宋　玉:也没有什么特别不喜欢。不过喜欢她又怎么样呢?她那样古板的人丝毫也不能帮助我,而且她是丫头出身啦!假使要拿来做老婆的话,岂不是前途的障碍吗?

子　兰:唉,你这个宝贝!原来比我还要势利。你一向装得来那样的清高!好的,我从今天起把你当成好朋友了。我们将来一定要有福同享,有祸同当,你高兴不高兴?

宋　玉:我当然是高兴的。就跟先生目前对于你爸爸是很大的帮助一样,我将来对于你也一定有不小的帮助。特别是文字上的工作我是很有自信的。

(屈原散发,着袭衣,以异常愤激的神态由外园门入场。宋玉与子兰二人见之均大惊,迎接上去)

宋　玉:先生,你怎的?

子　兰:(同时)出了什么事吗?先生!

屈　原:(不加理会,愤愤走至亭阶前停步)哼,真没有想出,你会这样的陷害我!可你陷害的不是我,是我们整个儿的中国呵!

(弟子二人畏缩地走至屈原身边,欲有所问)

屈　原:你们不要挨近我,我要爆炸!(以急骤的步伐登上亭阶,在亭栏上任意就座。以两手紧捧其头,时抓散发。默坐有间,复以拳头击膝,愤然而起,在亭中反复回旋)

四、第四幕

婵　娟:老妈妈,你在桥那头的路上看见我们的先生没有?

老　媪：你的先生是谁？

婵　娟：三闾大夫啦。

老　媪：哦，官家的人都说他疯了，我可没有看见他啦。（入城）

　　　　（婵娟伫立路头，踌躇有间，继奔至桥头向渔父发问）

婵　娟：老伯伯，你在这儿看见过三闾大夫没有？

渔　父：我没有看见过啦，听说他发了疯，不晓得是怎么样了。

钓　者：（向渔父）你们都说三闾大夫发了疯，其实真是活天冤枉！

渔　父：先生，我不过是听见路过的人那样说，我并不晓得是怎么一回事咧。

钓　者：大家都在说三闾大夫发了疯，唉，真是天晓得！

婵　娟：（向钓者走近）先生，你晓得那详细的情形吗？

钓　者：我是亲眼看见的啦，姑娘。

婵　娟：好不，请你告诉我？

钓　者：（把婵娟打量了一下）姑娘，你是三闾大夫的什么人？

婵　娟：我是服侍先生的婵娟啦。

钓　者：哦，是的，《九歌》里面有你的名字，在《湘君》歌里面，我记得有"女婵娟呵为余太息"的一句啦。

渔　父：（插入）你就是婵娟姑娘吗？你在替你老师太息，你的老师却在替我们老百姓太息啦。他有两句诗多好呵："长太息以掩涕兮，哀民生之多艰。"能够为我们老百姓所受的灾难，太息而至于流眼泪的人，古今来究竟有好几个呢？

钓　者：那还用问吗？一向的诗人就只晓得用诗歌来歌颂朝廷的功德；用诗歌来申诉人民疾苦的，就只有三闾大夫一人啦。哦，婵娟姑娘，我倒要先问你，三闾大夫从宫廷里回家去之后是怎样了？

婵　娟：先生回到家里很生气，不知道怎的，冠带、衣裳都没有了，任何人也不愿意见。后来园子里面有很多邻里来替他招魂，都说他是疯了，要把他的魂魄招转来。听说上官大夫和令尹都到过我们的后园来，也都说先生是疯了。先生到园子里来看，更加生气，他便跑到外面来了，不晓得他是到什么地方去了。

钓　者：唉，大家那样没见识，倒真的会把三闾大夫逼疯呢！我是明白的，今天的事情实在够三闾大夫忍受。

婵　娟：先生，请你告诉我吧，那详细的情形我还丝毫也不知道。

钓　者：好的，我就告诉你吧。婵娟姑娘，你可曾知道秦国丞相张仪，到了我们楚国来的这一件事吗？

婵　娟：我是听见先生说过，说他到我们楚国来，要我们和齐国绝交，和秦国要好啦！

钓　　者：是的，张仪就是那样的一位连横家，他专门挑拨我们关东诸侯自相残杀，好让秦国来个别击破，并吞六国。但是我们三闾大夫的主张和他恰恰相反，你是知道的啦。

婵　　娟：是的，我早知道。我们先生是极力主张和齐国联合的。

钓　　者：所以，我们楚国幸亏有三闾大夫，平常我们的国王也很听信三闾大夫的话。这一次张仪来也没有达到他的心愿。我们的国王是听信了三闾大夫的话，不肯和齐国绝交，也不愿和秦国要好，因此张仪便想朝魏国跑了，魏国是他的祖国啦。

渔　　父：张仪是魏国的人吗？

钓　　者：可不是！他还是魏国的公族余子呢。张仪要到魏国去，国王打算在今天中午替他饯行。

婵　　娟：我也听见这样的消息，但不知道详细的情形是怎样。

钓　　者：今天中午，国王打算替张仪饯行，南后便命令我们在明堂中庭跳神，就是跳三闾大夫的《九歌》，我扮演的是那河伯。姑娘你要知道，我是一位舞师啦，我是顶喜欢三闾大夫的歌词的一个人。

婵　　娟：哦，是那样的，后来怎么样呢？

钓　　者：快到中午时分，公子子兰来叫我们到中庭去，准备听南后和三闾大夫的指示。我们到了那儿，看见南后和三闾大夫两人立在那儿。南后回头又叫唱歌的和奏乐的通统就位，便叫我们跳《礼魂》，南后和三闾大夫便立在明堂的阶墀上看我们跳神。我也记不清跳了好几个圈子的时候，东首的青阳左房的后门被推开了，有两位女官走出来又把前面的帘幕揭起了，悄悄地又退了下去。接着南后便命令停止歌舞。我这时候刚跳到明堂阶前，我是听得清清楚楚的。我听见南后对三闾大夫说："啊，我发晕，我要倒，三闾大夫，三闾大夫，你，你快，你快！"便倒在三闾大夫的怀里去了。

婵　　娟：南后病了吗？

钓　　者：你听我慢慢地说吧。就在那个时候，国王和张仪、令尹以及上官大夫在青阳左房里出现了。吓，就在那个时候，那南后真凶，真毒辣。一个鹞子翻身，大声喊着："三闾大夫，你快，你快，你快放手！你太使我出乎意外！你太使我出乎意外！在这样大庭广众当中，你敢对于我这样的无礼，你简直是疯子！"

婵　　娟：（切齿扼腕）哎，南后竟这样，竟这样的陷害先生！

钓　　者：她跑到国王怀里去，国王也就大发雷霆，骂三闾大夫是疯子，叫令尹和上官大夫两人把他押下去，撤了他的官职。三闾大夫的衣裳冠带，听说都是当着众人自己撕毁了的。

婵　娟：（愈见切齿，欲泣）这，这，先生一定是很危险。

钓　者：真的啦，那样的毒辣，连我们旁观者的脑子差不多都震昏了。

婵　娟：（愈见切齿，欲泣）先生一定很危险，一定很危险！（飞奔沿着城墙跑下）

渔　父：唉！想不出竟有这样冤枉的事啦。

钓　者：其实事情也很简单，只要当场问一下便可以弄明了的。但我们的国王在盛怒之下，全然不想问问我们当场的人——当场的人并不少，我们跳神的是十个，还有唱歌的和奏乐的。他不想问问我们，三闾大夫申诉了几句，他也全不理会，生抢活夺地便加上了一个淫乱宫廷的疯子的罪名。

渔　父：这怎么受得了呢？不疯也会疯的！

钓　者：你没有当场听见，三闾大夫在被押走的时候，说的那几句愤激的话呢。

渔　父：他是怎样说的？

钓　者：他说："南后，我真没有想出你竟这样的陷害我！我是问心无愧，我是视死如归，曲直忠邪自有千秋的判断。你害了的不是我，是你自己，是我们楚国，是我们整个儿的中原呵！"他这几句话真是把我们全身的骨节脏腑都震撼了。

我交流，我思考——

1. 人物分析。

人物	一幕	二幕	三幕	四幕

2.《屈原》的艺术特色、人文情怀。

布局结构	人物形象	全剧基调	语言特色	创作手法
人文情怀				

我拓展——演一演《屈原》,谈一谈感受。

1. 选取的片段。

2. 演员分配。

人物				
扮演者				

3. 剧情顺序(基本台词)。

4. 感受。

表演前	表演后

第十九课　享誉亚洲经典之作《暗恋桃花源》

我准备

我感受——查阅赖声川作品《暗恋桃花源》。

我了解——通过网络了解有关话剧《暗恋桃花源》的资料,与周围的人交流一下。

我思考——思考几个问题,为你的学习做好准备。

(1)赖声川的《暗恋桃花源》讲的是一个什么故事?

(2)赖声川为什么要创作《暗恋桃花源》这样一个故事?

(3)《暗恋桃花源》中的人物你最喜欢哪个? 而你记忆最深的片段又是什么?

我阅读——《暗恋桃花源》作品分析

《暗恋桃花源》是由台湾地区戏剧教父赖声川在1986年以戏中戏的形式创作的戏剧,具有典型的现代剧场艺术特色,其演出的方式是采用集体即兴的形式搬上舞台的,它并不是以一种固定的台词生搬硬套地呈现给观众,而是在排练过程中,演员在导演的引导下进行集体的即兴的创作,根据粗线条设定的情节或人物以及演员自身的生命体验、生活见闻来继续发展情节和人物。这样的创作方式摒除了传统的"剧作家编剧,导演排戏,演员演戏"的模式,改为采用导演构筑剧情构架,引导演员相互之间的思维激荡,彼此撞击,即兴创作,进而提炼出演员生命中精粹的经验,以十足的戏剧原创力来丰富作品的内涵。

《暗恋桃花源》以"庞大的架构和形式上的实验性"而成为台湾地区当代剧场艺术创新的代表,这主要体现为剧中的两个故事交叉的复式结构。它呈现给观众的是两个不相干的故事糅合在一起的复式结构。两个故事,一个以《暗恋》为主题,讲述东北流亡学生江滨柳,在上海与云之凡发生了一段刻骨铭心的爱恋,最后因为时局的关系而流落台湾地区,娶妻生子,在病危之际渴望能够再次见到他念念不忘的情人的悲剧。而另一个故事则是以陶渊明的《桃花源记》为蓝本,讲述的是主人公老陶因不满妻子和房东袁老板的私情负气至上游打鱼,而误入桃花源,并在那里对爱情有了新的领悟,从而下山接妻子上山"避世"的喜剧。看起来完全不着边际的两个故事却因为演出场地及时间问题而不得不同台同时彩排,从而引发了一系列的笑话。同时也反映了当时台湾地区管理的混乱情况。

　　整个故事都围绕一个"寻找"展开。《暗恋》中的主人公江滨柳寻找的是爱情的"桃花源"，故事的一开始就向我们展示出了一段让人回味的爱情故事，那是1948年夏天的晚上，在上海的某个公园里，一对热恋中的年轻人正在话别："云之凡：'这个夏天我过得好开心，前几年打仗的时候，我永远不会想到有这样好的日子。你看，到处都充满希望——明天以后你会不会写信给我？'江滨柳：'我已经写好了一沓信给你。''真的？''而且还算好了时间，直接寄到你昆明老家。你明天早上坐船——隔十天——到了昆明——踏进家门——你刚好就会收到第一封信，然后接着每一天都会收到我的一封信。'"这段对白如此俏皮，为将来做足了充分的幻想，向我们勾勒了他们幸福的"桃花源"式的未来，傻傻提问，傻傻地承诺着："等你回来。"本以为只是短暂的小别一两个月，可谁也不曾料到这一别竟是50年。由于当时的时局，江滨柳被迫来到台湾地区，又由于内政，台湾地区与大陆在当时并没有互通往来，于是江滨柳在苦等10年之后终于和一个自己不爱的女人结了婚，并育有一子。

　　或许是命运使然，在将近50年后，台湾地区与大陆可以自由往来，江滨柳终于可以回到梦寐以求的大陆时，自己又得了重病，不宜远行，所以只能拜托好友韩先生，去大陆打探云之凡的消息，然而一切又是那么的戏剧，原来云之凡一直就在自己的身边。于是江滨柳说："好大的上海，我们还能在一起，想不到小小的台北就把我们给难倒了。"但是也正因为这样的小插曲才让我们看到了那一辈人对爱情的忠贞与执着，苦苦等待50年只为在自己满头白发，生命垂危之际见上心爱的人一眼，并问上一句："这些年，有没有想过我？"或许我们并不能理解那一辈人对爱情的坚守与难以忘怀，就像故事中的王护士一样，和自己谈了没多久的男朋友分手不到两个礼拜，就怎么也想不起对方的样子。久别重逢的他们并没有我们想象中的那样痛哭流涕，取而代之的却是简单的问答："之凡，这些年你有没有想过我？"而之凡也是感性地低头回答道："我写了很多信到上海去，好多信。后来我大哥说不能再等了，再等，要老了。"为了安慰滨柳，不让他担心自己，之凡又告诉他："我丈夫对我很好，他真的很好。"最后慢慢地走到江滨柳的轮椅旁边，轻轻拉着江滨柳的手，紧紧地握着。也许正是因为这种简单的问答、轻微的肢体碰触，才向我们展示出了那种荡气回肠的凄美爱情。终于云之凡还是要离开的。可是江滨柳的手依旧腾在空中，像要抓住什么似的，而江太太，又总是贤惠和执着，在云之凡来时默默走开，在云之凡走时又心疼地回来，无奈地站在江滨柳的身边，她知道这辈子江滨柳心中永远有一个最爱的女子，但是她也知道"这些年，滨柳对我真的很好"。于是她伸出手准备握住江滨柳的手时，江滨柳竟然拒绝了，他的手依旧伸在半空中，而江太太也固执地站在那里，她知道江先生需要自己，江滨柳把头倚在江太太的怀里。也许他拒绝的不仅仅只是江太太的手,更多的是江太太的爱。也许你会觉得他太残忍了,其实并不是这样的,当他在病房回忆自己与之凡在上海最后一次交谈时,他看到了自己的妻子为自己只剩下三个月的生命而哭泣时,他的心是痛的,他对江太太是有感情的,只是他已经把他一生的爱全部都放到了那个有着山茶花味道的女孩身上,或许他还将用接下来的最后三个月的时间来继续构建自己的爱情"桃花源"。他收不回自己的那颗心。也许你会觉得江太太太傻了,她应该离开江先生去寻找自己的爱情,殊不知,江先生就是她的爱情"桃花源",也许她爱的就是江先生的那份对爱情的忠贞与执着。

《桃花源》中的主人公老陶则是寻找生活中的"桃花源"。这个故事一开始有点无厘头,它是在《暗恋》剧组正在彩排时突然出现在舞台上的,无奈之下《暗恋》剧组只能暂时离开。于是《桃花源》首先告诉了我们老陶为什么会寻找"桃花源"。"袁老板,我们从哪里开始演?""从偷人的那段开始吧。"于是就出现了"晋太原中武陵人,捕鱼为业,我是夫妻失和,家庭破碎,愤世嫉俗,情绪失调,我往上游去吧"。由于发现了妻子与房东袁老板有奸情,老陶一气之下便离开了武陵,来到了桃花源。这个桃花源和陶渊明笔下的桃花源一样。在这里他认识了和妻子春花、袁老板长得一模一样的人,起初他很愤怒,也很惊恐,但经过长期的相处,他们的关系日趋和睦,竟不知道过了多久,经过这么长世外桃源般的生活的洗礼,他的思想得到了提升,对爱情的看法也有了新的界定,他想下山去接春花上来,一起享受这样无忧无虑的生活。只是当他再次回到家时,发现这里已经发生了翻天覆地的变化,大家都以为他已经死了,而妻子也已经和袁老板成婚,并生有一子,在这样的打击下,他再次想回到桃花源,可是却怎么也找不到路。事实上他并不知道,像这样的桃花源并不存在,那只是他心里虚构出来的,不然也不会出现"我只出去了几天就不认识我了","阴间一天,地上一年"。殊不知只要心中充满希望,哪里都是"桃花源"。而春花,当初在和这个老实巴交的渔夫过日子时却总是幻想着与袁老板的"桃花源"式的生活:"在那遥远的地方,我看到了我们绵延不绝的子孙,在那里手牵着手,肩并着肩,一个个只有这么大。"然而当他们在一起之后,他们所幻想的那种生活并没有出现,随之而来的是一堆尿布和叽里咕噜的唠叨声,于是春花就每天给自己的丈夫老陶上香,那么她是不是也在回忆着当初那个简单而幸福的小家呢?是不是认为那样的生活才是幸福的"桃花源"呢?我们不得而知。她就这样向我们阐释了当下的生活便是美好的、幸福的"桃花源"。穿插在整个戏剧中的那名陌生的女子,看似是个无关紧要的人,实际上,她也是个寻找者,她寻找的是精神上的"桃花源",她从始至终就只为寻找着一个根本不存在的人——刘子骥,刘子骥真的是人吗?不一定,在陶潜的《桃花源记》中有这么个人,但是他却死在了寻找桃花源的过程中,《桃花源》故事的最后说:"刘子骥,你不认识我没有关系,认识你自己,是你说好的,我们要开开心心地一起去。"这句话真的是对刘子骥说的吗？我想更多的是对自己说的。而在整个戏剧的结尾处，陌生女子蹲在舞台中央，捧起地上的桃花片，往空中用力一挥，又是漫天的桃花片，仿佛在释放着什么。

《暗恋》剧组的导演，事实上，也是一个寻找者，他寻找的是他的那份回忆，因为《暗恋》这个故事就是演的他自己，他总是在某些地方纠正着演员们的表演方式，"江滨柳，你要了解江滨柳的个性，个人遭遇和时代背景之间的关系，你是时代的孤儿，更是世界的孤儿"，"我想你们是演不出来的，可是我是永远都不会忘记"。以及饰演云之凡的演员说，"导演，我觉得我们刚刚感觉不错，问题是我们所有人里，只有你一个人经历了那个时代，只有你一个人去过台湾地区，我们是按照你的意思去想了"，"这是你的故事，只是我是我，云之凡是云之凡，我永远成不了云之凡，她也永远不可能出现在这个舞台上"。是的，她不是云之凡，他也不是江滨柳，他们没有经历过那个年代，所以他们感受不了那个年代与挚爱的人分离的苦痛，与亲人分离的相思，与家乡隔离的乡愁。云之凡永远也不可能出现在舞台上，因为这些苦难不只是一个人的，而是象征了那一代人，那一个时代的人，云之凡只是那个时代千千万万中人的一个小小的缩影。所以才会在这个戏剧一开演就引起了很大的轰动，并一度被翻拍，到2006年为止，一共有7个版本。只有真真切切感受过那个时代的人才能很好地表现出来。所以当故事讲到最后时，当演员演江滨柳与云之凡在病房相遇时，导演的心激动了，因为这样的场景，他不曾体会过，所以他想通过演员的表演来体会那种心情，于是在故事结束后，他还一直处于深思的状态，直到饰演老陶的演员和他打招呼时才恍然醒悟，慢慢地离场。他终于找到了回忆中的"桃花源"，也许他真的没有什么遗憾了吧。

《暗恋桃花源》是一部时间的悲剧和空间的喜剧的重合。《暗恋》是一部可望而不可即的现代爱情悲剧，而《桃花源》则是一部插科打诨的古装喜剧，它们的糅合并没有显得那么的突兀，而是很有效地发生了化学反应，悲怆中饱含着温暖，热闹中却暗含着悲凉，悲剧中绽放出喜剧的荒诞，戏剧中升华出悲剧的情怀，看似完全无关的人生拼贴在一起，变成了一种难以言说的复杂而苦涩的况味。

我交流,我思考——

1. 人物分析。

	《暗恋》	《桃花源》	《暗恋桃花源》
人物			
人物神情变化			
你对人物的了解			

2.《暗恋桃花源》的艺术特色、人文情怀。

布局结构	人物形象	全剧基调	语言特色	创作手法
人文情怀				

我拓展——演一演《暗恋桃花源》,谈一谈感受。

1. 选取的片段。

2. 演员分配。

人物				
扮演者				

3. 剧情顺序(基本台词)。

4. 感受。

表演前	表演后

第五单元
话剧表演的基础训练

第二十课　台词训练

台词的定义

我准备

我感受——赏析经典戏剧,收集不同类型戏剧的台词。

我了解——通过网络了解有关台词训练的知识。

我思考——思考几个问题,为你的学习做好准备。

问题域	问题内容	问题回答
戏剧	什么是台词?	
戏剧	戏剧台词都有什么特点和作用?	
戏剧	台词与规定的情境间的联系。	

我探索

事件:欣赏相声《报菜名》。

我设问——戏剧台词有什么风格特点和作用?

我感受——欣赏一下《报菜名》的经典片段,与同学交流感受。

我思考——戏剧台词有什么风格特点和作用?

1. _____	2. _____
3. _____	4. _____
5. _____	6. _____

我尝试,我交流——尝试总结出戏剧台词的风格特点和作用,并在小组内进行交流探讨。

我阅读——戏剧台词的基本资料

一、台词

台词(part/dialogue/line)是戏剧表演中角色所说的话语,是剧作者用以展示剧情、刻画人物、体现主题的主要手段,也是剧本构成的基本成分。

二、台词的基本特点

(一)动作性

戏剧是行动的艺术。它必须在有限的舞台演出时间内迅速地展开人物的行动,并使之发生尖锐的冲突,以此揭示人物的思想、性格、感情。这就要求台词服从戏剧行动,具备动作的特性。台词的动作性首先在于它能够推动剧情的进展。剧本中每个角色的台词都应当产生于人物的性格冲突之中,成为人物对冲突的态度与反应的一种表露,并且能够有力地冲击对手的心灵,促使对方采取新的行动更积极地投入冲突,从而把人物关系、戏剧情节不断向前推进。台词的动作性更在于它能够揭示人物丰富复杂的内心活动。一般有两种表现方式,一种是直抒胸臆,一种是"潜台词"。直抒胸臆的台词有时通过独白来进行;潜台词包含有复杂隐秘的未尽之言与言外之意,它可以具体表现为一语双关、欲言又止、意在言外、言简意赅等多种形式。台词的动作性还在于它能为演员在表演时寻找准确的舞台动作提供基础。戏剧创作的最后完成必须通过舞台演出,因此,台词的写作必须考虑到表演艺术创造的需要,使演员在舞台上能动得起来。

(二)性格化

剧本中人物形象的塑造只能依靠人物自己的台词和行动来完成,而且必须在有限的时空里进行,这两个因素对剧本台词的性格化提出了很高的要求。要使台词性格化,首先必须根据人物的出身、年龄、职业、教养、经历、社会地位以及所处时代等等条件,掌握人物的语言特征。力戒千部一腔、千人一面。其次,台词的性格化还要求剧作者牢牢把握人物性格的发展,把握戏剧情境的变化,把握人物错综复杂的相互关系,写出此时此地、此情此景中人物唯一可能说出的话。不仅剧本中不同人物的台词不能相互混淆,就是同一人物在不同戏剧场面中的台词也不能任意调换。实现台词性格化的关键是剧作者熟悉生活、熟悉笔下的人物,并且在写作时深入到人物的灵魂深处,设身处地地体会人物的内心感情,揣摩人物表达内心的语言方式与特点。

(三)诗化

戏剧要在有限的时空条件内,通过人物的台词在观众面前树立起鲜明的艺术形象,使观众受到感染,为人物的命运而动心,这就要求剧本的台词具有诗的特质、诗的力量。台词的诗化并不意味着都要采用诗体,而是要让诗意渗透在台词之中。因此台词必须感情充沛,富于感染力;形象鲜明,富有表现力;精练、含蓄,力求用最简洁、最精练的词句来表达丰富的内容与深远的意境。

(四)口语化

要使观众清楚明了地看懂剧情,理解人物,接受剧作者对生活的解释,台词就必须明白浅显、通俗易懂,具有口语化的特点。口语化使台词富于生活气息、亲切自然。民间语言如成语、谚语、歇后语,乃至俚语的适当运用,有助于台词的口语化。在注意口语化的同时,也需要注意语言的规范化和纯洁性,要注意对生活语言的提炼、加工,使之成为形象生动的艺术语言。

三、台词的作用

台词是构成一个剧本的基石,是剧本不可或缺的因素。没有台词,就没有剧本,没有人物的冲突,更没有剧情的发生、发展、高潮和结局。剧中的人物,或称之为角色,必须通过台词才能表达各自的身份、地位、性格、特点等。由此可见台词在剧本中的重要性。由于戏剧不像小说等文学样式那样由作者出面向读者叙述,只能依靠人物自身的语言与动作来表达一切,因此台词是戏剧舞台上唯一可以运用的语言手段,台词的写作与安排成为剧作技巧的重要组成部分。

我交流,我思考——

我总结——

我拓展——

台词技巧训练

我准备

我感受——收集不同绕口令、诗歌、散文,看一看它们的差别。

我了解——通过网络了解有关台词训练的知识,与周围的人交流一下。

我思考——思考几个问题,为你的学习做好准备。

问题域	问题内容	问题回答
戏剧	训练普通话标准,以何为主?	
戏剧	加强内外部技术技巧的训练,以何为主?	
戏剧	针对语境、语感的训练,培养抒发情感的能力,以何为主?	

我探索

我设问——台词训练包括哪些内容?

我感受——欣赏一下不同的绕口令、诗歌、散文,与同学交流感受。

我思考——不同形式的台词训练各有什么特点?

1. _____ 2. _____
3. _____ 4. _____
5. _____ 6. _____

我尝试,我交流——尝试总结出不同台词训练的区别在哪里,并在小组内进行交流探讨。

我阅读——台词训练

一、重点加强学生普通话的发音,以绕口令为主

(一)S,SH辨别

石狮寺前有四十四个石狮子,寺前树上结了四十四个涩柿子,四十四个石狮子不吃四十四个涩柿子,四十四个涩柿子倒吃四十四个石狮子。

(二)B,P辨别

正:八百标兵奔北坡,炮兵并排北边跑,炮兵怕把标兵碰,标兵怕碰炮兵炮。

加"了":八了百了标了兵了奔了北了坡了,炮了兵了并了排了北了边了跑了。

炮了兵了怕了把了标了兵了碰了,标了兵了怕了碰了炮了兵了炮了。

(数枣)

出东门,过大桥,大桥前面一树枣,拿着竿子去打枣,青的多,红的少,一个枣,两个枣,三个枣,四个枣,五个枣,六个枣,七个枣,八个枣,九个枣,十个枣,十个枣,九个枣,八个枣,七个枣,六个枣,五个枣,四个枣,三个枣,两个枣,一个枣。这是一段儿绕口令,一气儿说完才算好。

(节奏)

数九寒天冷风嗖,转年是春打六九头,正月十五的龙灯会,有一对儿狮子滚绣球,三月三王母娘娘的蟠桃会,这个大闹天宫的孙猴儿就把那个蟠桃偷,五月端午端阳节,白蛇许仙不到头,七月七传说是天河配这个牛郎织女是泪双流,八月十五的云遮月,月里的嫦娥犯了忧愁,要说愁,净说愁,听我说一段儿绕口令儿叫十八愁,狼也愁,虎是愁,象也愁,鹿也愁,骡子也愁马也愁,猪也愁,狗是愁,牛也愁,羊也愁,鸭子也愁鹅也愁,蛤蟆愁,螃蟹愁,蛤蜊愁,乌龟愁,鱼愁虾愁,各有分由。虎愁不敢把这高山下,狼愁野心耍滑头,象愁脸憨皮又厚,鹿愁长了一对七叉八叉大犄角,马愁鞴鞍行千里,骡子愁它是一世休,羊愁从小它把胡子长,牛愁愁的犯牛轴(鞭子抽),狗愁改不了那净吃屎,猪愁离不开那臭水沟,鸭子愁扁了它的嘴,鹅愁脑瓜门儿上长了一个奔了头,蛤蟆愁长了一身脓疱疥,螃蟹愁的净横搂,蛤蜊愁闭关自守,乌龟愁得胆小尽缩头,鱼愁离水不能游,虾愁空枪乱扎没准头。

二、重点针对语境、语感的训练

盼望着,盼望着,东风来了,春天的脚步近了。一切都像刚睡醒的样子,欣欣然张开

了眼。山朗润起来了,水涨起来了,太阳的脸红起来了。

小草偷偷地从土地里钻出来,嫩嫩的,绿绿的。园子里,田野里,瞧去,一大片一大片满是的。坐着,躺着,打两个滚,踢几脚球,赛几趟跑,捉几回迷藏。风轻悄悄的,草软绵绵的。

桃树,杏树,梨树,你不让我,我不让你,都开满了花赶趟儿。红的像火,粉的像霞,白的像雪。花里带着甜味;闭了眼,树上仿佛已经满是桃儿,杏儿,梨儿。花下成千成百的蜜蜂嗡嗡地闹着,大小的蝴蝶飞来飞去。野花遍地是:杂样儿,有名字的,没名字的,散在草丛里,像眼睛,像星星,还眨呀眨的。

"吹面不寒杨柳风",不错的,像母亲的手抚摸着你,风里带来些新翻的泥土的气息,混着青草味儿,还有各种花的香,都在微微润湿的空气里酝酿。鸟儿将巢安在繁花嫩叶当中,高兴起来了,呼朋引伴地卖弄清脆的喉咙,唱出婉转的曲子,跟轻风流水应和着。牛背上牧童的短笛,这时候也成天嘹亮地响着。

雨是最寻常的,一下就是三两天。可别恼。看,像牛毛,像花针,像细丝,密密地斜织着,人家屋顶上全笼着一层薄烟。树叶却绿得发亮,小草也青得逼你的眼。傍晚时候,上灯了,一点点黄晕的光,烘托出一片安静而和平的夜。在乡下,小路上,石桥边,有撑着伞慢慢走着的人,地里还有工作的农民,披着蓑戴着笠。他们的房屋稀稀疏疏的,在雨里静默着。

天上的风筝渐渐多了,地上的孩子也多了。城里乡下,家家户户,老老小小,也赶趟儿似的,一个个都出来了。舒活舒活筋骨,抖擞抖擞精神,各做各的一份事儿去。"一年之计在于春",刚起头儿,有的是工夫,有的是希望。

春天像刚落地的娃娃,从头到脚都是新的,它生长着。

春天像小姑娘,花枝招展的,笑着,走着。

春天像健壮的青年,有铁一般的胳膊和腰脚,领着我们向前去。

我交流,我思考——

我总结——

我拓展——

我探索

我设问——不同风格、体裁，不同形式的台词差异在哪里？

我感受——欣赏古今中外优秀名著作品，与同学交流感受。

我思考——不同风格、体裁，不同形式的台词差异。

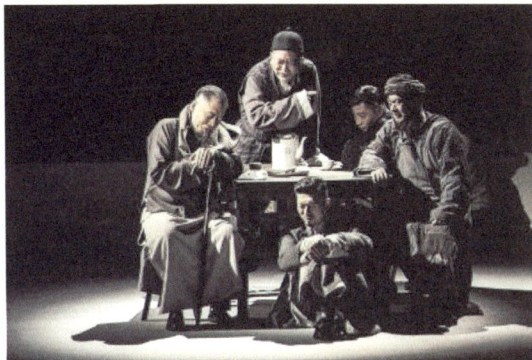

《茶馆》剧照

《雷雨》剧照

《屈原》剧照

1. _____　　2. _____

3. _____　　4. _____

5. _____　　6. _____

　　我尝试、我交流——尝试总结出不同风格、体裁，不同形式的台词差异，并在小组内进行交流探讨。

我探索

我设问——如何根据限定场景设计台词？

我感受——不同场景下的台词。

我思考——不同场景下台词如何设计？

1. _____   2. _____

3. _____   4. _____

5. _____   6. _____

我尝试，我交流——尝试根据限定场景设计台词，并在小组内进行交流探讨。

我交流，我思考——

我总结——

我拓展——

第二十一课　声音训练

呼吸和发声器官及其工作原理介绍

我准备

我感受——感受呼吸和发声时哪些器官参与其中。

我了解——通过网络了解身体的呼吸和发声器官及其工作原理。

我思考——思考几个问题，为你的学习做好准备。

问题域	问题内容	问题回答
学习声音技巧的意义	为什么要学习呼吸和发声技巧？	
发声原理	身上的呼吸和发声器官有哪些？	
	这些器官是怎么工作的？	

我探索

我设问——声音训练包括什么？人体的呼吸器官和发声器官分别是哪些？它们的工作原理是什么？

我感受——通过教师讲解与演示，感受人体的呼吸和发声器官，并理解它们的工作原理。

我阅读——发音器官的分类

一、呼吸器官

肺是产生语音的动力基地，由肺部呼出的气流是发声的动力。

气管是输送气流的通道，由肺部呼出的气流通过气管、支气管到达喉头，作用于声带，经过一些发音器官的调节，才能发出不同的声音。

二、声源器官：喉头和声带

喉头由软骨组成，下通气管，上接咽腔。声带位于喉头中间，是两片富有弹性的薄膜。声带的前端、后端分别固定在软骨上。两片声带之间的空隙叫声门。肌肉收缩，使软骨活动起来，也同时带动声带活动，使声带放松或拉紧，使声门打开或关闭，之后从肺部呼出的气流通过声门使声带振动发出声音，而声音的高低不同是控制声带的松紧造成的。

发音练习

三、声音的制造厂：口腔、鼻腔

声带发出的声音只有经过共鸣器的调节，才能获得响亮的复杂的音色。口腔是语音的主要共鸣器，也是各种音色的主要制造厂。口腔中的发音器官包括上下唇、上下齿、齿龈、上腭、小舌、舌头等，舌头是口腔中最活跃的发音器官，鼻腔是一种共鸣器，与口腔相通，通过小舌和软腭与口腔隔开。关闭鼻腔通道，发口音；打开鼻腔通道，发鼻音。

我交流，我思考——

我总结——

我拓展——

呼吸技巧

我准备

我设问——呼吸技巧有什么？

我练习——在教师讲解过程中，积极练习呼吸技巧。

我阅读——气息控制

研究资料表明人在正常情况下,每分钟呼吸16—19次,每次呼吸过程为三四秒钟,而演唱时,有时一口气要延长十几秒,甚至更长,而且吸气时间短,呼出时间长,必须掌握将气保持在肺部慢慢呼出的要领。

一、深吸慢呼气息控制延长练习

呼吸练习

其要领是:先学会蓄气,先压一下气,把废气排出,然后用鼻和舌尖间隙像闻花一样,自然松畅地轻轻吸,吸得要足,然后气沉丹田,慢慢地放松胸肋,使气像细水长流般慢慢呼出,呼得均匀,控制时间越长越好,反复练习4—6次。

二、深吸慢呼数字练习

我们把第一步骤称为吸提推送,吸提的气息向里向上,推送的气息向外向下,在推送同时做气息延长练习。我们推荐三种练法。

1. 数数练习:吸提同前。在推送同时轻声快速地数数字"1 2 3 4 5 6 7 8 9 10",一口气反复数,数到这口气气尽为止,看你能反复数多少次。

2. 数枣练习:吸提同前。在推送同时轻声念:出东门过大桥,大桥底下一树枣,拿竹竿去打枣,青的多红的少。(吸足气)一个枣两个枣三个枣四个枣五个……这口气气尽为止,看你能数多少个枣。反复4—6次。

3. 数葫芦练习:金葫芦,银葫芦,一口气数不了24个葫芦。(吸足气)一个葫芦两个葫芦三个葫芦……这口气气尽为止,反复4—6次。

控制气息,千万不要跑气,越练控制越好。开始腹部会出现酸痛,练过一段时间,则会自觉大有进步。

三、深吸慢呼长音练习

经过气息练习,开始逐步加入声音。这一练习仍是以练气为主、发声为辅,在推送同时择一中低音区,轻轻地,男生发"啊"音(大嗓发"啊"是外送与练气相顺),女生发"咿"音。一口气托住,声音出口呈圆柱形波浪式推进,能拉多长拉多长,反复练习。

四、托气断音练习

这是声、气各半练习。双手叉腰或护腹,由丹田托住一口气到额咽处冲出同时发声,声音以中低音为主,有弹性,腹部及横膈膜利用伸缩力同时弹出。我们介绍三种练习。

1. 一口气托住,嘴里发出快速的"噼里啪啦,噼里啪啦"(反复),到这口气将尽时发出"嘭一啪"的断音。反复4—6次。

2. 一口气绷足,先慢后快地发出"哈,哈(反复,加快),哈,哈,哈……"锻炼有爆发力的断音。

3. 一口气绷足,先慢后快地发出"嘿一吼、嘿一吼(反复逐渐加快)","嘿吼,嘿吼……"加快到气力不支为止,反复练习。

经过这一阶段练习,为声之本、为声之帅的气息,已基本饱满,容气之所已基本兴奋、活跃起来,而声音一直处于酝酿、保护之中,在此基础上即可开始准备声音练习了。

我交流,我思考——

我总结——

我拓展——

发声技巧——气、声、字的练习

我准备

我设问——如何进行气、声、字的练习。

我练习——在教师讲解过程中,积极练习气、声、字。

我阅读——唇音练习

戏曲演员,尤其是京剧演员,包括戏曲爱好者在喊嗓练声上容易犯急于求成的毛病,恨不能很快地就能喊出又高又亮的嗓音来。急着喊高音,猛喊甚至瞎喊乱喊,这往往是事与愿违的。我们在研究喊嗓练声时,有意地先练气息,不急于发声,这有利于发声练习,要大家明确

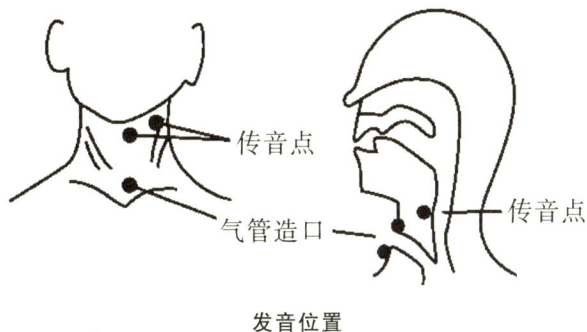

发音位置

一个循序渐进的规律和持之以恒的毅力。在第三阶段,我们建议还是不急于爬音阶喊高音,而是从气、声、字结合练起。这三者关系应排成这样一个顺序:气为音服务,音为腔服务,腔为字服务,字为词服务,词为情服务。从这个顺序中,我们可以看到字的位置居于中心,前面牵着音和腔,后面连着词与情。当中一塌,满盘皆输。字音的真切,决定着声音的圆润,以字行腔正是这个理儿。在喊嗓练声中的字、音、气的关系,应是托足了气,找准了音,咬真了字。具体方法是:用汉语拼音的方法把字头、字腹、字尾放大放缓,以字练声,然后加快,同时练嘴皮子和唇齿牙舌喉的灵活性。

1. 唇音练习(先放慢、放大念一遍,逐渐加快到念绕口令)。

八——百——标——兵——奔——北——坡——北——坡——炮——兵——并——排——跑——炮——兵——怕——把——标——兵——碰——标——兵——怕——碰——炮——兵——炮——

2. 齿音练习(方法同上)。

四——是——四,十——是——十,十四——是——十四,四十——是——四十,不要把十四——说——四十,也不要把四十——说——十四。

3. 舌音练习(方法同上)。

六十六岁刘老六,推着六十六只大油篓,六十六枝垂杨柳,拴着六十六只大马猴。

4. 喉音练习(方法同上)。

山前有只虎,山下有只猴,虎撵猴,猴斗虎,虎撵不上猴,猴也斗不了虎。

5. 舌音牙音练习(方法同上)。

街南来了个瘸子,右手拿着个碟子,左手拿个茄子;街上有个橛子,橛子绊倒了瘸子,右手摔了碟子,左手扔了茄子。

6. 十三道辙字音练习(方法同上)。

风(中东)——催(灰堆)——暑(姑苏)——去(一七)——荷(波梭)——花(发花)——谢(乜斜),秋(由求)——爽(江阳)——云(人辰)——高(遥条)——雁(言前)——自(支思)——来(怀来)。俏(遥条)——佳(发花)——人(人辰)——扭(由求)——捏(乜斜)——出(姑苏)——房(江阳)——来,(怀来)东(中东)——西(一七)——南(言前)——北(灰堆)——坐(波梭)。

这样一练,你哪路音圆润,哪路音干瘪,分得清,找得准。

我交流,我思考——

我总结——

我拓展——

发声技巧——吟诗、吟唱练习

我准备

我设问——如何进行吟诗、吟唱练习?

我练习——在教师讲解过程中,积极练习吟诗、吟唱。

我阅读——吟诗、吟唱

把吟诗、吟唱放在第四阶段的目的是练习和挖掘"低音宽厚,中音圆润,高音坚韧"的嗓音素质,不盲目拔高、爬高,而是巩固中音、低音,使其音色华美、音质纯正,保住一个好听好用的嗓子,同时锻炼高音的坚韧与弹性。此时的念白练唱都是无伴奏的,演唱更难,要求更高,在第三阶段练,有气、音、字垫底,是一个台阶、一个台阶爬上来的,嗓音并不疲劳,练习有实效,把握性大。

吟诗,一般选各个行当的定场诗,因为角色刚刚上场,要给观众留下第一印象,并使他们停止议论,安静下来,所以定场诗应是声调较高,不急不慢,是角色自己兴趣志向的自我剖析,韵律性极强,必须好好练,又适合于喊嗓、练声、练习。比如《击鼓骂曹》祢衡的定场诗，"口似悬河语似流，全凭舌尖压诸侯，男儿何得擎天手，自当谈笑觅封侯"；再如《挑滑车》中岳飞的定场诗，"明亮亮盔甲射人斗牛宫，缥缈缈旌旗遮住太阳红，虎威威排列着明辅上将，雄赳赳胯下驹战马如龙"。在万物苏醒、万象更新的清晨你可以尽情发挥练嗓。

吟唱，具有念白吟诵相夹、半唱半念交相辉映的特点，比吟诗更难，其情感更宜抒发，其音律更宜舒展，正好用来喊嗓发声。半吟半唱如引子，例如，《宇宙锋》赵艳容上(半吟念)"杜鹃枝头泣，(吟唱)血泪暗悲啼"，再如《阳平关》曹操(半吟念)"只手(吟唱)独擎天，奇勋已早建，(半吟念)虚名扶汉祚"。直接吟唱如《秦琼卖马》"好汉英雄困天堂，不知何日回故乡"；再如《清风亭》"年纪迈，血气衰，年老无儿绝后代"，"听妈妈高声唤悲哀，想必是为姣儿失却了夫妻恩爱"。

京白(普通话)吟诗，为现代戏表演念词而练习。如用吟诗的旋律，念《毛主席诗词》"天高云淡，望断南飞雁，不到长城非好汉"等。再如念现代戏一些经典道白，"久旱的禾苗逢甘霖，点点记在心"，"千枝万叶一条根，都是受苦人"等，都是喊嗓练声的好素材。传统大段念白及一些贯口练习也可在这一阶段锻炼气息和发声。

我交流，我思考——

我总结——

我拓展——

第二十二课　环境模仿训练

我准备

我感受——观看环境模仿视频或观察周围生活,感受在原情境的基础上进行环境模仿的过程。

我了解——通过网络了解有关环境模仿的方法及流程,与周围的人交流一下。

我思考——思考几个问题,为自己的学习做好准备。

问题域	问题内容	问题回答
戏剧	什么是环境模仿?	
戏剧	环境模仿中存在的问题。	
戏剧	如何进行环境模仿?	

我探索

主题:请大家走在沙滩上,沙子很软很舒服。太阳很热,太阳越来越热。到了中午,太阳在头顶上方直射下来。你们发现自己走在沙漠里,周围都是沙子,沙子很烫。这时候,你们中有人发现了一块绿洲。这时候天上下起了小雨,雨越下越大,下起了暴雨。(3分钟以内)

我设问——如何进行环境模仿?

我感受——揣摩情境,与同学交流感受。

我思考——环境模仿的具体方法及难点。

1. ＿＿＿＿＿＿＿＿＿　2. ＿＿＿＿＿＿＿＿＿
3. ＿＿＿＿＿＿＿＿＿　4. ＿＿＿＿＿＿＿＿＿
5. ＿＿＿＿＿＿＿＿＿　6. ＿＿＿＿＿＿＿＿＿

我尝试,我交流——各小组从中抽取一个主题进行环境模仿。

1. 无实物表演:打扫房间。

2. 无实物表演:吃面条。

3. 无实物表演:洗头发。

4. 无实物表演:修自行车(李保田在考学时用过,演了一个半小时)。

5. 动物模仿训练:模仿三种不同的动物。

6. 观察对手:通过描述,老师可以在人群中找出学生所描述的人。

7. 特定想象训练:老师摆一张凳子,学生想象是什么,并做出相应表演。

8. 联想训练:给学生1设定特定情境,学生讲述自己在哪里;学生2记住学生1的特定情境,两人发生冲突。

9. 短剧表演:14岁的孩子表演一个老先生。

我阅读——环境模仿

一、环境模仿内涵

在话剧创作中,环境既是背景,又是内容。环境模仿,是指个体自觉或不自觉地仿照物的形态,人或动物的行为、动作、表情等。

(一)在话剧作品中的环境模仿

1. 对静态物的模仿。

2. 对动态物的模仿。

3. 对社会环境的模仿。

环境模仿分为多种情况,除有实物表演外,也有无实物表演。表演的过程中,需要发挥主观能动性,营造真实的环境。

(二)环境模仿训练方法

1. 感觉训练:相信所处的环境,真实地感受环境。

2. 观察训练:其一,动物模仿训练,观察不同的动物,注意细节;其二,观察对手,把握特征。

3. 想象训练:包括三种情况,其一,无实物想象训练,要求平时注意关心身边的生活环境,多注意人在特定场景中的细节;其二,特定场景想象训练;其三,联想训练,注意任务关心处理是否正确,舞台行动是否符合生活逻辑,戏剧冲突是否突出。

4. 个人表演训练:以录像等形式观察自己表演的优缺点。

(三)注意事项

1. 消除紧张。理解角色,缩短表演和角色之间的差距。

2. 把握舞台行动的线索。话剧表演中,表演者在舞台上所做的每一个动作、每一个手势都带有一种目的。表演者要事先明确做什么事情,另外还要抓住角色的内心活动。在表演中,情绪的把握很重要。

3. 调动感情。在最短的时间内,打开记忆的闸门,用一切方法调动自己的感情。调动感情不等于挤眼泪,不等于生搬硬套。一定要从角色的内心出发,去真切地感受与领悟。

4. 生活逻辑。正常人的生活都存在着生活逻辑。话剧表演也要遵守生活逻辑。比如,没有正常人夏天穿棉袄,冬天穿短裤。在表演中,表演者要常问自己,这样做是否符合生活逻辑,切记胡编。

5. 塑造典型形象。话剧表演时依靠刻画典型的形象来征服观众。一个成功刻画的形象,会给人们留下深刻的印象。陈佩斯的《吃面条》就是如此,令人百看不厌。演员和角色之间一般存在着一定差距,表演者应不断缩小两者之间的差距,最后同化角色。

6. 避免重复定式。表演艺术是一门创作的艺术,是充满生命力的。同一个人,每天工作的状态、心情都是不同的。但是演员在多次表演后容易固化形象。他们可以对台词脱口而出,对舞台调度熟记于心,该怎样表达某种情绪,该怎样调动情绪……一次次重复,没有任何的创新,其实是一种偷懒。应该不断挖掘角色新的特质。

7. 避免傀儡化。不能看到什么就简单模仿什么,千篇一律。应活动脑子,多思考。自己信任自己的角色,从而让观众信任自己的角色。

我交流,我思考——

我总结——

我拓展——

第二十三课 编讲故事

我准备

我感受——收集各种话剧小故事,感受在原故事的基础上改编或续编故事的过程。

我了解——通过网络了解有关编讲故事的方法及流程,与周围的人交流一下。

我思考——思考几个问题,为你的学习做好准备。

问题域	问题内容	问题回答
戏剧	什么是故事?	
戏剧	如何编故事?	
戏剧	如何讲故事?	

我探索

主题:请用时光、孤岛、青年来组合讲一个故事。(3分钟以内)

我设问——如何编讲故事?

我感受——讲故事,听故事,与同学交流感受。

我思考——编讲故事的具体步骤及注意事项。

1. _____ 2. _____
3. _____ 4. _____
5. _____ 6. _____

我尝试,我交流——各小组从中抽取一个主题进行编讲故事。

1. 两只鱼鹰在河岸上叹息:我已经两天没能在这条河里找到一条鱼了,明天我们会怎样呢? 请接着讲述明天的故事。

2. 他考试作弊,竟蒙混过了关,当他跨入大学校门以后……请接着讲故事。

3. 狮子上了年纪,没法再凭借力气获取食物,无奈只得要花招行骗。于是它潜入山洞,躺下装病,于是……

4. 请用"大山""书本""真情"来组合讲一个故事。

5. 请用"沙滩""水杯""背影"来组合讲一个故事。

6. 请你讲述你所知道的雷锋的两个小故事。

7. 请你讲述你所知道的焦裕禄的故事。

8. 有人养了两条狗,一条用来狩猎,一条用来看家,有一天看门狗跟着主人狩猎,而原来的狩猎狗用来看门,于是……

我阅读——编讲故事概要

一、故事概念内涵

在话剧创作中,故事既是形式,也是内容,同时还是影视作品在文学层面的主体。故事是一切叙事艺术的第一要素,故事即事件。故事的要素是情节、人物、环境。

(一)在话剧作品中的故事

1. 真实的故事。

2. 假定的故事。

3. 虚幻的故事。

(二)编讲故事步骤

1. 确立主题。

主题首先来源于对生活的积累和观察。可以说主题无处不在,关键是你能否发现。其次,仔细观察细节并做好笔记尤为重要。选择是艺术创作中的一个重要手段。在影视作品创作中,主题的选择从来都是放在第一位的。简言之,主题就是主要的题目,它是你讲故事的前提条件和依据。确立主题就确定了你的故事的中心内容。往往一个事件会有多个主题,这时你必须根据你对事件的把握找出最能吸引人们的主要事件作为你的主题,要知道主题是由你去发展的。主题就在你所见的事物中,在你做的种种事情中,在你碰见的每一个人身上,在你读的每一本书里。

2. 结构故事。

进入——情节——人物——矛盾冲突(形成高潮)——结局。首先要有人物关系(主要人物、次要人物),有了人物以后,下一步便是将人安排在一些似乎是无法解决的难题与逆境中。他们必须面临同他们相对立的人或事(情节的安排),也就是说必须有矛盾冲突。

具有正面特点的人物和具有反面特点的人物之间的矛盾纠葛是举不胜举的。你只要找一本同义词和反义词的大辞典,其间就有取之不尽的词,可供你用一辈子。你不妨试着用一对词,看看如何去写成一个故事冲突。

一旦掌握用对立面去安排冲突的技巧,你就将代表对立的正反两方面的不同分量加在不同人物身上,并且通过对立的表现,将冲突放在运动中去表现就比较容易了。

事实上,没有矛盾,也就没有生活,没有世界,没有作品。

文学作品中的情节,是某一个特定的矛盾冲突的形成、发展和转化的过程。它是一个过程,必然受到一定的时间、地点和条件的制约。它是被作家反映出来的生活长河中的一段,有它自己的开端和终结。在开端和终结之间,还有一个发展变化,这个发展变化,也必然像现实生活一样,由微小的、不明显的量的变化向巨大的、显著的质的变化发展。这就形成了情节在一般情况下需要具有的开端、发展、高潮、结局这样几个部分。因此,在文学创作中,情节与人物的安排都极为重要。

情节是作家从生活之树上截取下来的一枝一节。生活之树有千枝万叶,一篇作品不可能把它们全部截取下来,只能一枝一节,也许只有几片叶子,但它们却是生活之树的一部分。我们把经过重新安排的事件称作情节。

3. 讲故事。

(1)根据命题,选择主题、设置情节。

(2)根据情节设置人物——主要人物与次要人物,以及他们的关系。

(3)注意对环境的描述,以烘托人物。

(4)寻找或设计矛盾,制造矛盾冲突,形成高潮。高潮可以从解决问题或未解决问题中获得。

(5)选择结局。

二、注意事项

1. 抓住关键点构思故事。

2. 尽量简化你的故事。

3. 坚持对生活的观察和积累。要多对生活中的人和事进行观察和积累,了解各式各样的人物性格特征、生活中发生的给你带来感悟的事情,有可能的话最好对你的观察做一些记录。这种对生活素材的大量积累,不仅在你构思故事的时候有利于拓展你的思路,还会让你的故事变得有生活气息,变得真实可信。

4. 多看一些小故事,积累情节素材。除了对生活中的人和事进行观察和积累,还可以多参看一些杂志上的小故事小短文,例如《读者》《青年文摘》《格言》等。但要注意的是,多积累这些故事只是为了让你在考场上多一些思路,而不是让你在讲故事的时候直接照搬照抄。

5. 讲述时加动作。在讲故事时,应该根据作品的情绪情感来调动自己的身体动作,根据故事的内容和情绪,应该适当地加一些手势和动作,语音语调上也应该根据故事的情绪而有所区别,应该充分地发挥口头表达的能力,将讲故事做成一场精彩的"口头表演",这样才能吸引考官的注意力,激起考官对自己故事的兴趣。

第二十四课　形体基本训练

形体基本训练概要

我准备

我感受——收集各种话剧中常出现的人物的历史背景、精神面貌、形态仪表和心理状态,感受人物的特点。

我了解——通过网络了解有关话剧人物的表演方式,与周围的人交流一下。

我思考——思考几个问题,为你的学习做好准备。

问题域	问题内容	问题回答
戏剧	什么是形体基本训练?	
戏剧	形体基本训练的内涵是什么?	
戏剧	形体基本训练的要求是什么?	

我探索

主题:负荆请罪(廉颇、蔺相如)。

我设问——如何根据历史故事进行形体训练?

我感受——小组交流后分析人物心理、特征和展现形式,与同学交流感受。

我思考——如何更加深入分析人物并抓住其特点?

1. ＿＿＿＿＿＿＿＿＿＿＿＿　　2. ＿＿＿＿＿＿＿＿＿＿＿＿

3. ＿＿＿＿＿＿＿＿＿＿＿＿　　4. ＿＿＿＿＿＿＿＿＿＿＿＿

5. ＿＿＿＿＿＿＿＿＿＿＿＿　　6. ＿＿＿＿＿＿＿＿＿＿＿＿

我尝试,我交流——根据形体基本训练要求演绎“负荆请罪”,并与老师和同学交流。

我阅读——形体基本训练

一、形体训练概念内涵

话剧演员形体基本训练是担负着解决话剧演员创造角色所需要的形体素质与能力的任务的训练，着重于形体可塑性的锻炼，包括设计、组织、体现角色的鲜明准确的外部性格特征动作。

培养演员必须训练其形体，使其能艺术地再现人物的体态仪表、举止风度，进而准确

形体展示

地表达出人物的思想感情，创造出性格鲜明的艺术形象。训练一般从话剧表演对形体动作的要求出发，既要基本接近生活状态，又要区别于生活而具有舞台感，受到舞台的制约；既要有造型感，富有表现力，又不能有固定的程式，因而必须是具体的、鲜明的。为此，演员的形体必须松弛灵活，协调自如，动作轮廓明晰，抑扬顿挫有致，感应机敏，可塑性强，既能传情又能达意，并且善于捕捉和模拟各种人物的外部特征，以适应扮演不同年龄、职业、性格的人物以及同一人物在不同时期性格上演变的需要。

二、形体训练要求

形体训练的任务是提高演员的形体表现力，达到塑造出完美的艺术形象的目的。怎样才算是达到形体表现力的要求？主要做到以下三点。

1. 演员的形体动作，必须表现出作家所提供的规定情境中人物的心理活动。

2. 演员的形体要表达人物所具有的鲜明的个性特征。它包括：民族特征（国度不同也属此列）、时代感、年龄感、身份感，以及职业、性格、形象、体质诸方面在人物的形体行为中所表现出的动态、幅度、速度与力度的特点等。

3. 演员的形体动作还应具有形式美。无论是舞台的表演还是在平地上的表演，总有演员与观众之间的相互关系，演员为了观众而存在，必须吸引观众。不论对人物是褒是贬，都必须按照舞台艺术美的规律进行，把节奏、韵律的起伏，形态造型的优美，人物在空

间布局的均衡、匀称等形式美结合起来,融入演员所要表达的内容。

只有以上三点有机地统一于一个人物,一台戏才可称得上是具有形体表现力的表演。它只有在演出中有机地体现出来,才可真正呈现出表现力的优劣。

　　我交流,我思考——与同学交流自己的收获,思考自己的表演是否达到形体训练要求。

　　我总结——形体训练要求包括分析人物心理、特征和展现形式美感。

　　我拓展——打开百度、输入关键词、下载资料等。

形体基本训练过程

我准备

我感受——观看经典话剧,观察话剧演员的体态和表现,感受通过形体基本训练所要达到的预期效果。

我了解——通过网络了解话剧人物的表演方式,与周围的人交流一下。

我思考——思考几个问题,为你的学习做好准备。

问题域	问题内容	问题回答
戏剧	形体基本训练要经历怎样的过程?	
戏剧	如何改变未经训练的自然形态?	
戏剧	什么是"形体智能"? 如何达到?	

我探索

主题:《罗密欧与朱丽叶》《雷雨》《原野》等经典话剧片段。

我设问——为什么要进行形体训练?

我感受——通过对经典话剧片段的欣赏和研究,了解基本形态训练的成果。

我思考——形体基本训练的具体步骤是什么?

1. _____   2. _____
3. _____   4. _____
5. _____   6. _____

我尝试,我交流——根据形体基本训练要求和形体基本训练的过程,演绎经典话剧片段,并与老师和同学交流。

我阅读——形体基本训练过程

根据上节课内容,需要对话剧演员进行以下三方面基本的形体训练。

一、磨炼演员的创作工具——形体

首先要对演员原有的未经训练的自然形态进行改变,使其端正、舒展、灵活自如、得心应手,具有话剧演员所需要的可塑性。如斯坦尼斯拉夫斯基演剧体系所要求的,把粗糙的身体变得细腻些。演员没有身体的基本功夫,其他问题无从谈起。这就需要从实践中找到解决办法:吸收其他话剧演员艺术之长,兼收并蓄,熔为一炉,为话剧所用。总之,对需要塑造各类人物的话剧演员来说,固定一种形式训练是不利的,话剧演员的灵活性、适应性是建立在训练的广泛性的基础上的。

形体展示

二、塑造人物掌握表现手段

为了提高演员创造的能力,必须广征博采古今中外各种不同风格的、具有鲜明表现形式的艺术手段。历史剧中人物风格的表现,虽然在现今的生活中看不到了,但它保留在反映当时生活的艺术(如绘画)中。演员还可以借鉴中国古典戏曲表演或者是外国各种代表性舞蹈、击剑及宫廷舞的礼仪等;要从民间舞蹈,武术中的刀、枪、棍、剑、翻、摔、滚、打等其他各种形体技能中借鉴吸收以丰富创作;应以中国的传统艺术形式为主,中国的传统艺术形式确实蕴含着丰富的、取之不尽的有助于话剧演员塑造人物时可借鉴的形体表现手段。

三、发展演员的"形体智能"

"形体智能"从字面上说,"智"是智慧,而"能"总是和实践联系在一起,指演员形体表现出来的一种能力。我们每个人都有自己特有的"智慧",俗话说"各走一径"。演员要用自己的形体去塑造各类具有复杂心灵的人物,这种塑造的工作,没有一个现成的蓝图,也不像练基本功时那样,由老师把艺术化的动作程序教给你,而要自己从绚丽多彩的生活中提取素材,没有一种生活形态可以原封不动地搬上舞台。它必须靠演员对人物的分析、认识以及想象去勾画自己所设想的形象蓝图。这个形体形象的构思,如果可以说是形象思维的一部分的话,那么,这就是演员所具有的一种智慧。作家创造人物形象是写出来,而演员则必须能够表现出来,并且当他表达的时候,还要受意志指引、情感激发。总之,这种形体形象的思维力与表达力的综合,即为"形体智能"。

　　我交流,我思考——与同学交流自己的收获,思考自己是否遵照形体训练过程演绎了人物。

　　我总结——形体训练过程包括磨炼形体、掌握手段和发展演员的"形体智能"三个部分。

　　我拓展——打开百度、输入关键词、下载资料等。